Vandiago_on_tour

AF202975

Pauschal Plausch

Das Buch zum Pauschalurlaub

© 2020 vandiago_on_tour

Verlag und Druck: tredition GmbH
                      Halenreie 40 -44
                      22359 Hamburg

ISBN Paperback: 978 -3 -347 -10169 -2
Hardcover: 978 -3 -347 -10170 -8
e -Book: 978 -3 -347 -10171 -5

Das Werk, einschließlich seiner Teile, ist urheberrechtlich geschützt. Jede Verwertung ist ohne Zustimmung des Verlages und des Autors unzulässig. Dies gilt insbesondere für die elektronische oder sonstige Vervielfältigung, Übersetzung, Verbreitung und öffentliche Zugänglichmachung.

Wieso das Covid-19 frei Label auf der Titelseite?

Zum einen möchte ich die Absurdität, die Covid - 19 in viele Lebensbereich beinahe zu allen Menschen auf unserem Planeten gebracht hat, zu einem Teil dieses Buches werden lassen. Zum anderen liegt mir daran klar zu machen, dass die dem Buch zu Grunde liegenden Ereignisse bis auf eine Ausnahme vor der Corona – Krise stattfanden und die Zäsur zu verdeutlichen, die Covid-19 zumindest im Spätsommer 2020 in mein Leben gebracht hat.

Der Autor...

...befindet sich im Zeitraum der Fertigstellung des Buches in krisenbedingter vollständiger Kurzarbeit seit Ende März 2020, ob sein Arbeitsplatz als Reiseleitung auf den kanarischen Inseln auch noch künftig besteht, ist ungewiss. Für weitere und stets aktuelle Informationen besuchen Sie bitte

www.pauschal-plausch.de/Autor

Alle in diesem Buch geschilderten Ereignisse haben tatsächlich so wie beschrieben stattgefunden. Die Namen von Orten, Unternehmen und Personen wurden verfremdet. Sollten Sie sich wiedererkennen, liegt das an der Unverwechselbarkeit Ihrer speziellen Persönlichkeit und ich bin überzeugt, dass Sie vernünftigerweise diese Erkenntnis für sich behalten und den Schutz der Unsichtbarkeit genießen werden!

Und darüber werden wir plauschen

Herzlich willkommen! – Ihre Ankunft

Das sind die ersten Worte mit denen ich 'meine' Gäste nach ihrer Ankunft am Flughafen ihres Urlaubszieles, einer der Kanarischen Inseln, begrüße, und so möchte ich Sie auch begrüßen zu unserer kleinen Plauderstunde. Gut, plaudern werde nur ich, aber ich bin zuversichtlich, Ihnen zur weiteren Verwendung reichlich Gesprächsstoff mit auf den Weg zu geben. Bevor es in den Transferbus in Ihre traumhafte Unterkunft geht und Sie das Urlaubsprogramm mit voller Wucht trifft, gibt es vorab noch ein paar äußerst warme, aber auch einordnende Worte.

Jedes Jahr fahren Millionen Deutscher in den Urlaub. Viele davon als Pauschaltouristen. Diese werden dann, auf die eine oder andere Weise, durch die Veranstalter der Pauschalreise, betreut. Was auf 'meiner' Seite als Reiseleiter so alles wahrgenommen wird von dem was Pauschaltouristen veranstalten, darüber soll dieses Buch Aufschluss geben. So springe ich mit Ihnen mitten hinein in die Pauschalreise, die ich Ihnen hier hauptsächlich in der Version der Flugpauschalreise, gelegentlich auch mal kombiniert mit einer Kreuzfahrt, präsentiere. Selbstredend ist es auch sehr interessant, einmal die Überlegungen zur Auswahl des Zeitraums, des Ziels, der Hotelauswahl etc. und die Buchung im Reisebüro oder Online zu beleuchten, jedoch finden solche

Überlegungen und Handlungen ja weit im Vorfeld der Reise ab und nur gelegentlich werde ich mit den Ergebnissen bzw. mit der Unzufriedenheit der Gäste über die Ergebnisse konfrontiert. Sofern Ursachen für diese Unzufriedenheit im Auswahl - oder Buchungsvorgang der Reise liegen, werde ich bei den einzelnen Geschichten darauf Bezug nehmen.

Zur Klarstellung sei auf folgendes hingewiesen: Die meisten Urlauber möchten einfach nur einen rundum gelungenen, erholsamen und erinnernswerten Urlaub verbringen. Dazu beizutragen und die Rahmenvoraussetzungen hierfür zu schaffen bzw. beizubehalten sind nur einige der Aufgaben eines Reiseleiters. Dies bedeutet die Organisation des Urlaubsaufenthaltes so reibungslos wie möglich zu gestalten, also dafür zu sorgen, dass der Transfer zum und vom gebuchten Urlaubshotel funktioniert, die Touristen die erforderlichen und wissenswerten Eigenheiten des ausgewählten Urlaubsgebietes kennenlernen, etwaige Unzulänglichkeiten in der Urlaubsunterkunft beseitigt bzw. behoben werden und sie über etwaige Änderungen des Rückfluges informiert werden. All diese Anforderungen stellen keine Raketen-wissenschaft dar.

Was jedoch weit über das Organisatorische hinausgeht, ist der Umgang mit den Menschen. Und dabei haben meine Kollegen und ich schon einiges erlebt. Die Schilderungen in diesem Buch erheben keinen Anspruch auf Verallgemeinerung und sämtliche Parallelen zu tatsächlichen Begebenheiten ist rein zufällig entstanden. Mehr als 95% aller Urlauber sind mehr oder weniger Durchlaufposten. Ohne besondere Vorkommnisse erleben diese Menschen mehr oder weniger genau das, was sie erwarten. Weitere 3% stoßen bei ihrem Aufenthalt auf unerwartete Probleme. Das sind dann jene Gäste, die berechtigterweise eine Reklamation vorbringen; sei es, weil es Schwierigkeiten beim Flug gegeben hat, Gepäck abhandengekommen ist und erst verspätet oder gar nicht im Urlaubshotel eintrifft, das Urlaubsdomizil mit einer vorher nicht bekannt gegebenen Baustelle überrascht, oder das gebuchte Urlaubshotel überbucht ist und die Unterbringung in einem anderen Haus erfolgt, das Zimmer nicht geputzt ist, heruntergekommen ist oder einiges andere mehr, was berechtigten Grund für eine Reklamation bietet. Das sind diejenigen Gäste, mit denen sich die Reiseleitung eigentlich auseinandersetzen muss. Hier geht es dann darum, den Gast bezüglich der Beschaffung von Ersatzbekleidung zu informieren, zu versuchen ihn im eigentlich gebuchten Hotel unterzubringen bzw. entsprechende Entschädigungen für den Gast zu erwirken oder eben für eine entsprechende Reinigung zu sorgen, also im Allgemeinen alles zu tun, damit der Gast das erhält, für was er bezahlt hat. Außerdem gehört die Hilfestellung bei Bewältigung der Folgen eines Einbruchs oder Diebstahls z. B. Ersatzdokumentenbeschaffung, Anzeigenerstattung oder Betreuung bei schwerer Erkrankung etc. dazu. Und dann sind da noch die verbleibenden 1,5 bis 2%

der Reisenden, die Inhalte dieses Buches sein werden.
Und da beginnt der Spaß…oder auch nicht …

Anmerkung und Exkurs

Im Jahr 2020 wird der Globus durch eine
Virusinfektion überrascht. Diese hat auch
durchschlagende Konsequenzen für die
Reisebranche. Man neigt verständlicherweise dazu,
Vorsicht walten zu lassen und bleibt eher in
heimischen Gefilden, stellt sich eher einen
individuellen Urlaub zusammen und verzichtet somit
auf das Vergnügen einer Pauschalreise. Die größten
europäischen Touristikkonzerne haben entweder
schon vor Corona die vermeidbare Insolvenz
hingelegt (Gier frisst Hirn) oder konnten sich dank
milliardenschwerer Staatshilfen (nur noch PFUI)
gegenüber ihren anspruchsberechtigten
Kreditgebern, also den Kunden, die mit mindestens
20 % Anzahlung des Reisepreises unfreiwillig in die
Kreditbranche eingestiegen sind, „dicke" tun, dass
sie, natürlich außerhalb jeglicher gesetzlichen Frist,
sogar in der Lage waren, diese auf Wunsch auch Bar
(hier Überweisung oder Gutschrift auf Kreditkarte)
zurückzuerstatten und sogar, Öffentlichkeitswirksam
versteht sich, einige der Helden des Alltags, also
Mitarbeiter im Gesundheitswesen, in den Urlaub zu
schicken. Diesen sei der vom Staat über TUI
subventionierte Urlaub absolut gegönnt, anständige
Bezahlung des meist nicht akademischen Personals
ersetzt das nicht. Ich möchte nur ins Gedächtnis
rufen, dass der deutsche Staat bereits historisch nicht

ganz uninteressant einen Touristikkonzern mit drei Buchstaben unterhalten hat, inklusive eigener Unterkünfte und Kreuzfahrtschiffen. Das hatte zwar andere Beweggründe, die ich der heutigen Regierung nicht unterstellen würde, allerdings ging auch dieses Kapitel nicht gut aus, ähnlich wie bei anderen Staatsbeteiligungen der jüngeren Vergangenheit.

Da ich selber durch voraussichtlich monatelange Kurzarbeit zwangsweise aus dem Gefecht gezogen wurde und der Neustart noch in den Sternen steht, wünsche ich mir von Ihnen, lieber Leser, dass sie bei Ihrer nächsten Urlaubsvorbereitung auch eine Pauschalreise in Erwägung ziehen, damit ich mich nicht gezwungen sehe noch so ein Buch schreiben zu müssen. Durch Ihr Verhalten, durch mutiges Buchen von Urlaubsreisen und Einhaltung der Hygiene-und Abstandsregeln, wirken Sie vielleicht entscheidend mit dazu bei, das viele der Schilderungen in diesem Buch, z. B. die Begrüßungsrundfahrt und die Reiseleiterservicezeiten nicht bereits zur Geschichte gehören. In Zeiten des Internets ist es doch gelegentlich von Vorteil, ein menschliches Wesen mit reichlichen Ortskenntnissen und praktischen Erfahrungen im Urlaubsland als Ansprechpartner auch zu den ungewöhnlichsten Fragen zur Verfügung zu haben. Lassen Sie uns gemeinsam das Beste und Erhaltenswerteste aus der Vor -Corona -Zeit bewahren, aber mit zukunftsweisenden Ansätzen kombinieren, sowohl im Urlaub als auch im Alltag.

ALSO, SCHNALLEN SIE SICH AN, WIR HEBEN GLEICH AB!

Hin und Weg

Den Namen und das gebuchte Hotel, bitte!

Nachdem der Flieger aus Alemania gelandet ist und der erholungsbedürftige Urlauber, manchmal alleinreisend, meistens mit Begleitung, das hoffentlich eigene Gepäck vom Ausgabeband geholt hat, findet dieser dann mit etwas Verstand und mehr Glück dann auch den großen Bildschirm mit dem Logo und Namen seines Reiseveranstalters. Womit wir bereits bei der ersten Klippe angekommen wären, die sich auf den Weg zum gnadenlos erholsamen Urlaub in den Weg schiebt. 'Wer ist denn mein Reiseveranstalter' bzw. die verkürzte Formel 'Zu welchem Schalter müssen wir denn? '.

Nun, statt die Langeweile im Flugzeug zu nutzen, um mal einen Blick in die Reiseunterlagen zu werfen, so man diese denn nicht im aufgegebenen Koffer verstaut hat oder gar daheim auf der Flurkommode hat liegen lassen, beschwert man sich lieber beim Sitznachbarn, dass das Entertainment-Programm maximal aus der Beobachtung des Kabinenpersonals und den von und zu den Toiletten herrschenden Verkehr besteht.

Im Idealfall wissen die Reisenden, bei welchem Reiseveranstalter die Reise gebucht wurde, vorbildliche Reisebüros streichen den Gästen sogar die relevanten Passagen in den Reiseunterlagen farbig an. Aber der Idealfall ist natürlich nicht die Regel. Außerdem hat es in den letzten Jahren aufgrund des Preiskampfs eine Tendenz zum dynamischen Schnüren von Pauschalreisepaketen gegeben. Um in den Suchergebnissen der Reiseportale im Internet ganz oben aufzutauchen, hat sich die Unsitte eingeschlichen, zunächst Reisepakete *OHNE* Transfer oder mit einem marginal günstigeren Discount-Shuttle-Service anzubieten, was den Reisepreis pro Person um einige Euro herunterdrückt, das Reiseangebot unter den vergleichbaren Oferten aber auf die oberen Plätze katapultiert. Ach? Was ein Discount-Shuttle-Service ist? Ja auch so was gibt es. Letztlich ist die vermeintliche Demokratisierung des Reisens in eine Diktatur des Preises mutiert.

Die Erwartung der Reiseveranstalter, dass der Kunde eines der obersten, also vermeintlich günstigeren Angebote buchen wird, baut wohl auf der dem Kunden unterstellten Unfähigkeit zum Vergleichen und der Dumm-und Faulheit auf. Denn tatsächlich behalten die Veranstalter oft genug Recht. Dann bemerken diese Kunden erst, dass der Weg zum Hotel nicht organisiert ist.

Dann ist guter Rat erst einmal teuer. Denn wahrscheinlich hatte man die Mittel für eine Taxifahrt zum Hotel nicht eingeplant, man hat keine Ahnung, ob ein Linienbus eine Alternative wäre oder man sonst irgendwo noch auf die schnelle einen Hoteltransfer buchen kann. Meistens klappt das nicht, und so beißen betroffene Reisende oftmals in den sauren Apfel und gönnen sich widerwillig eine um ein Vielfaches als ein Bustransfer teurere Taxifahrt.

Unterstellen wir mal, der fragliche Urlauber hat alle Leistungen aus einer Hand gebucht. Nachdem er die Gepäckausgabehalle verlassen hat, kann er auch zügig das Logo seines Veranstalters auf den Bildschirmen über den Empfangsschalter ausfindig machen. Darunter erwartet dann auch ein Vertreter des Reiseveranstalters, mit etwas Pech handelt es sich dabei um mich, die gebuchten Gäste.

Nach dem 'Herzlich willkommen' schiebe ich meistens 'Ihren Namen und das gebuchte Hotel, bitte?' hinterher, sofern der vielleicht schon zum vierundzwanzigstem Mal die Insel beglückende Stammgast mir nicht in die Parade fährt und mit einem genervten 'Wo steht der Bus?' ohne Vorspiel zur Sache kommen will. Trotzdem bestehe ich auf die Preisgabe dieser hochbrisanten Informationen um den Gast auf der Ankunftsliste und auch gedanklich und vor allem erinnerungstechnisch schnell abzuhaken. Der Urlauber oder auch die Begleitung bekommt den Umschlag mit der handschriftlichen Angabe der Parkposition seines Transferbusses sowie mit tatsächlich nützlichen Informationen sowie einer Einladung zu einer Begrüßungsrundfahrt im Feriengebiet mit anschließendem Umtrunk und weiteren ebenfalls nützlichen Hinweisen und Ausflugsvorstellung in die Hand gedrückt.

Natürlich nur, nachdem erfolgreich überprüft wurde, ob der Gast namentlich auf meiner Ankunftsliste aufgeführt ist und er tatsächlich auch einen Schimmer hat, wie seine Ferienunterkunft heißt. Denn oft genug ist auch diese Anforderung bereits zu hochgesteckt.

Besonders schön ist es, wenn Gäste nur in der Lage sind, sich den ersten Namensbestandteil, meistens den Namen der Hotelkette, also z. B. Sheraton oder Hilton, zu merken. Das erschwert dann die Zuordnung Gast-Hotel, da Hotelketten zumeist mehrere Hotels betreiben und man also auch die eigentliche Bezeichnung des Hauses kennen sollte. Das führt naturgemäß auch gelegentlich dazu, dass trotz frühzeitiger Buchung der Gast in einem ganz anderen Hotel landet, als er beabsichtigt hatte.

Der Fehler liegt IMMER beim Reisebüro, der Internetseite oder beim Reiseveranstalter, denn man weiß ja wohl, dass man ins Sheraton will, das kann ja wohl nicht so schwierig sein. Leider hat der geneigte Gast auch nach zwanzig Aufenthalten nicht bemerkt, dass es z. B. ein Sheraton Playa Verde, ein Sheraton Grand Beach Plaza und vielleicht auch ein Sheraton Solymar gibt. Das ist selbstredend zu viel Auswahl unter einem Markennamen. Und ohne entsprechende Präzisierung kann da auch mal die Buchung daneben gehen und statt im klassischen 4-Sterne-Hotel 'Beach Plaza' wurde das 5-Sterne 'Solymar' mit eher partyfreudigem Publikum und einem modernistischem Clubambiente ein Standardzimmer natürlich ohne den sonst immer gebuchtem

Meerblick reserviert. Dies hätte der durchschnittliche Reisende auch direkt nach Buchung bemerken können, denn auf der Reisebestätigung und Rechnung sind alle Daten aufgeführt. Aber natürlich ist es viel zu viel verlangt, sich auch noch Papiere anzusehen, denn man ist ja dank 'WISO' etc. ein mündiger Verbraucher, der sofort zur Reklamation schreitet.

Nun gibt es jedoch nichts zu reklamieren, außer vielleicht die eigene Nachlässigkeit, bisweilen auch Dummheit... Aber für diesen durchaus berechtigten Reklamationspunkt ist die Reiseleitung nicht zuständig und auch die 'Frankfurter Tabelle' gibt keinen Prozentsatz für vom Reisenden letztlich zu verantwortende Fehlbuchungen an. Nichtsdestotrotz verlangt der Gast weiterhin lauthals sofort und unverzüglich im 'Grand Beach Plaza' untergebracht zu werden, auch wenn dieses einen Stern weniger hat, als das gebuchte Hotel, und selbstredend muss da doch für den Fehlbucher noch ein Zimmer frei sein, natürlich mit Meerblick und notfalls auch unter Umquartierung anderer Gäste, die aber ihrerseits nicht zu blöd waren, das richtige Hotel zu buchen. Schwierig wird es jedoch, wenn man dem Gast dann noch vermitteln muss, dass die Reiseleitung eigentlich keine Veranlassung zum sofortigen Handeln hat und ein Wechsel in ein Hotel niederer Kategorie eigentlich auch nicht im Reisevertrag vorgesehen ist und wenn zumal noch ein Aufpreis fällig wird, da man die fünf Sterne zum Schnäppchen Preis gebucht hat, der für das vier Sterne, das regulär auch günstiger wäre, leider nicht gilt. Unnötig zu erwähnen, dass der Gast droht, nie wieder mit diesen Banditen von Reiseunternehmen zu verreisen. In meinem Innersten bin ich dann geneigt zu fragen, ob ich diese Zusage bitte schriftlich haben könnte.

In der Wirklichkeit bemühe ich mich tatsächlich, den Gast dort unterzubringen, wo er eigentlich hinwollte, aus dem einfachen Grund, um nachfolgende Nörgeleien am bezahlten Hotel zu vermeiden und nicht bei jeder Besuchszeit in das miesepetrige Antlitz des buchungsunfähigen Gastes blicken zu müssen.

La Palma, Las Palmas, oder doch Palma?

Gelegentlich sind auch aus Auslastungsgründen Flüge im Angebot, die nacheinander zwei Zielflughäfen ansteuern. Zum Beispiel Lanzarote und Teneriffa oder Gran Canaria und La Palma. Oft entgeht das der Aufmerksamkeit der geneigten Fluggäste, eine nette Umschreibung für 'viele schnallen das einfach nicht'. So passiert es bei solchen Konstellationen immer wieder, dass plötzlich von Reisenden Hotelnamen genannt werden, die so gänzlich ungeläufig sind, da eben die zugehörigen Hotels auf einer anderen Insel liegen. Denn natürlich hat man sich während der entsprechenden Ansage nach der ersten Landung des Fliegers noch angeregt mit dem Sitznachbarn unterhalten. Und der wollte ja auch in das Royal Hotel direkt am Meer. Also schnell raus aus der Maschine und ab ans Gepäckband. Und dann erstmal darüber aufregen, dass der Koffer nicht kommt. Und statt dann zunächst einmal am Reklamationsschalter zu reklamieren, wo mit Hilfe der Bordkarte schnell bemerkt würde, dass der Reklamierende am falschen Airport ausgestiegen ist, begibt man sich zum Empfangsschalter des Reiseveranstalters, dem natürlich keiner der gebuchten Gäste fehlt. Der Reiseleiter ahnt bereits ansatzweise, was da auf ihn zukommt. Die Kontrolle der Bordkarte, auf der Eindeutig als Zielflughafen Teneriffa angegeben ist, bestätigt den Verdacht.

Dem Kunden wird also klargemacht, dass er zu früh ausgestiegen ist. Dieser mokiert sich noch darüber, dass der Sitznachbar doch auch ausgestiegen sei und das doch jetzt alles nicht sein kann. Nun ja, doch, das ist so. Außerdem wird es den Reisenden so gar nicht freuen, dass er nun auch noch den Weiterflug zum eigentlichen Ziel bezahlen muss. Glücklicherweise gelingt es dem versierten Reiseleiter, seine Mitstreiter auf der richtigen Insel zu erreichen und für die Organisation der Gepäcksuche am Zielflughafen sowie auch noch kostenlos einen Transfer zum Urlaubshotel zu sorgen. Dank und Anerkennung seitens des unaufmerksamen Reisenden-nicht der Rede wert!

Ich kenne doch meinen Koffer

Ein Klassiker sind auch vertauschte Gepäckstücke. Bei deutschen Gästen sind gedeckte Farben bei Koffern äußerst beliebt. Das führt naturgemäß gelegentlich zu Verwechslungen, manchmal schon am Gepäckband am Flughafen, manchmal aber auch bei Erreichen der Ferienunterkunft. Lassen Sie sich trösten, auch wenn Sie einen geblümten Koffer mit Schleifchen Ihr Eigentum nennen, so sollten Sie sich beim Verlust des Gepäcks an einem der typischen Urlaubsflughäfen zunächst bei den britischen Reisenden umsehen, die lieben nämlich solche bunten und ornamentträchtigen Gepäckstücke.

Tritt der erste Fall ein und stellt der Gast das dann erst im Hotelzimmer fest, kann man nur hoffen, dass das Gepäckstück über aufschlussreiche Kennzeichnung wie Reiseveranstalter, Name oder im günstigsten Fall auch die Mobilfunknummer verfügt. Bei durchschnittlich intelligenten Gästen führt dies dann in aller Regel dazu, dass die angegebene Rufnummer kontaktiert wird. In manchen Fällen war der Eigentümer des fälschlich mitgenommenen Gepäcks genauso verpeilt wie der nun Anrufende. Dann haben sich die beiden Parteien gegenseitig nichts vorzuwerfen und müssen sich nur noch über die Umtauschmodalitäten einigen und den Koffertausch durchführen, meistens, ohne dass die Reiseleitung eingeschaltet werden muss. Aber natürlich ist der Eigentümer des sich nun in fremder Obhut befindlichen Koffers nicht immer gleichermaßen dösig, wie derjenige, der sich den erstbesten schwarzen Koffer mit roter Schleife am Griff vom Kofferband gezogen hat. Selbstverständlich unter Verzicht auf weitergehende Prüfung der Eigentumsverhältnisse. Man weiß ja schließlich, wie der eigene Koffer aussieht.

Genauso sicher, wie man sich bei der Buchung eines Sparzimmers ist, dass der in der Buchung eingetragene Wunsch nach schönem Meerblick, Abendsonne und ruhigster Lage vom Hotel freudestrahlend und aus abgrundtiefer Verehrung für den noblen Gast, nennen wir ihn mal Enriko nebst Gattin Doreen, erfüllt wird, notfalls auch unter Umquartierung anderer Gäste, die unverschämterweise genau das gewünschte Zimmer belegt haben und, noch viel schlimmer, auch noch die passende Kategorie gebucht und sogar bezahlt haben. Unnötig zu sagen, dass diese aktiven Koffervertauscher gerne auch weiße Socken in gefakten Birkenstock-Sandalen tragen mit einer ebenso nachgeahmten Jack-Wolfskin Übergangsjacke, oder, in der femininen Ausführung ausgewachsene Miniplidauerwelle zu Turnschuhen und Jeansrock von Kik. Nun wartet also der eigentliche Besitzer, Jens M., vergeblich an der Gepäckausgabe und nimmt zwar Kenntnis davon, dass noch ein einsamer Koffer seine Runden auf dem Gepäckkarussell dreht. Aber dieser hat *KEIN* rotes Band am Griff, ist dunkelblau und eine Nummer größer als das vermisste Gepäckstück.

Er wendet sich also an den Reklamationsschalter und weist die Dame oder den Herren hinterm Tresen auf den einsamen Koffer hin. Auch hier werden schnell die richtigen Schlüsse gezogen, das zurückgelassene Gepäckstück untersucht und mangels weitergehender Kennzeichnung nur der Name auf der Kofferbanderole der Airline festgestellt. Mit wahnsinnig viel Glück findet man auch andere Angaben, die eine Lokalisierung des eigentlichen Eigentümers ermöglichen. Aber anders als beim Lotto ist diese Wahrscheinlichkeit nicht zu quantifizieren. Also wird die Verlustanzeige aufgenommen und der unschuldige Gepäcklose muss den Urlaub unverdienterweise nur mit seiner Kleidung am Leib beginnen. Mittlerweile ist der Kofferdieb Enriko in seiner Unterkunft angekommen und — packt natürlich nicht den Koffer aus. Dazu ist ja immer noch Zeit, erstmal muss der Schock verdaut werden, dass das Hotel unverschämterweise ein Zimmer mit Blick auf die Lieferanteneinfahrt des Nachbarhotels und auch noch in nördlicher Richtung für die Beherbergung zugewiesen hat. Das Hotel war sogar bereit, ein anderes Zimmer, dieses aber direkt über dem Hoteleingang und neben einem Fahrstuhlschacht, natürlich auch ohne Meerblick, zur Verfügung zu stellen. Auch ein Upgrade in ein Zimmer mit Meerblick bekam man angeboten, aber unverschämterweise nur gegen Aufpreis, der das Urlaubsbudget vollends gesprengt hätte. Also ärgerte man sich weiter über den Blick auf die Lieferwagen, schwor sich, diese unhaltbaren Zustände beim Urlaubsretter von Pro9 anzuzeigen und nun erstmal das Abendbuffet in Augenschein zu nehmen und anschließend zu plündern sowie mal das All-Inclusive (AI) Getränkeangebot einer tiefschluckenden Untersuchung zu unterziehen. Den Pyjama könnte man ja immer noch vorm schlafen gehen auspacken, umziehen? Wozu? Einmal pro Tag in die Jeans von Prymork quälen, reicht doch. Schließlich reichte es ja schon, auf das angetraute Weib Doreen warten zu müssen, die sich unverständlicherweise tatsächlich umgezogen und auch die Haare, also dass was man nach der Miniplidauerwelle noch Haare nennen kann, auftoupiert hatte. Also merkte man erst gegen 23 Uhr, dass irgendetwas mit dem Schloss des Koffers nicht stimmte, bestimmt hatte sich da so ein ausländischer Leiharbeiter im Gepäckbereich am Zahlenschloss zu schaffen gemacht, den mit '000' an beiden Zahlenschlössern ließ der verdammte Koffer sich nicht öffnen. Doreen lümmelte sich auf dem Bett und spielte mit ihrem iPhone. Genauer gesagt, guckte sie sich die Fotos des ersten Urlaubstages, genauer gesagt, der Abreise in der heimischen Plattenbausiedlung in Berlin-Marzahn oder Dortmund-Scharnhorst an. Sie hatte vor der Abholung durch Schwager Ronny noch ein Foto von Enriko geschossen, mit Koffer. Und siehe da, dieser war Dunkelblau und nirgends eine rote Schleife. Langsam dämmerte es bei Enriko: „Da hat doch echt einer meinen Koffer mitgenommen, was für ein Arschloch!" Kurz beraten unsere beiden Urlaubsspezialisten, wie man denn jetzt noch an das sehnsüchtig vermisste Gepäckstück gelangen kann. Enriko erinnert sich dunkel daran, dass dieser Typ im Reisebus, dieser Reiseleiter doch irgendetwas von Notrufnummer gesagt hat. So kramt Enriko die Unterlagen vom Flughafen hervor und wird tatsächlich fündig. Erst ruft er natürlich die als solche eindeutig gekennzeichnete Büronummer an. Da geht natürlich keiner ran. Ist ja auch erst 23.15 Uhr. Unverschämt! Also wird die nächste Nummer ins Handy getippt. Da meldet sich jemand. Enriko beginnt also mit seiner Tirade gegen den bösen Kofferklauer. Nachdem ihm der gerade wegen der vorgerückten Stunde nicht sehr erbaute Kollege, den diesen Tag der Notrufdienst getroffen hat, fragt, wann der gute Enriko denn mit welchem Flug angekommen ist und Enriko natürlich völlig unvorbereitet auf diese in seinen Augen völlig unlogische Frage ist, muss er ersteinmal in den Unterlagen wühlen. Auch die Antwort auf die Frage, warum man sich denn erst sieben Stunden nach Ankunft melden würde, hilft nicht wirklich zur Erhellung bei, denn bei Enriko bleibt es im Hirn so dunkel wie im berühmten Hühneranus. Der Kollege unterbricht dann das Gespräch, um gleich noch eine Nachforschung am Airport zu starten, dessen Reklamationsschalter bis zur Ankunft des letzten Fluges des Tages besetzt ist. Bei dem Anruf am Flughafen stellt sich schnell heraus, dass Enriko`s Koffer dort steht. Im neuerlichen Gespräch wird Enriko aufgefordert, am nächsten Morgen mit Gepäck zum Flughafen zu fahren und dort den Austausch gegen sein Gepäckstück vorzunehmen. Selbstverständlich wird ihm auch die Abfahrtszeit eines unserer Transferbusse genannt, mit dem Enriko den Flughafen sogar kostenfrei erreichen kann. Der letztlich um seinen Koffer geprellte unschuldige Reisende wird sein Gepäckstück erst Abends bekommen und wird unter der Dummheit anderer am meisten zu leiden haben.

Sie buchen und sie fluchen!

Ich wollte Sie, entgegen dem logischen zeitlichen Ablauf zunächst einmal aus Ihrer Komfortzone holen und gedanklich bereits in Richtung Urlaub schicken und dort ankommen lassen. Aber vor die Erholung hat der Urvater der Pauschalreise, absolut unverzichtbar, die Buchung gestellt.

Ich kann mich noch an die 80er und 90er Jahre des letzten Jahrhunderts erinnern, da kamen im Frühjahr stets mit vielen Reisekatalogen bepackte Leute aus den Reisebüros. Nun sind ja die zu Beginn des Buches erwähnten Reisekataloge mittlerweile aus der Mode gekommen, zumindest in Papierform. Außerdem sind diese oftmals insofern überholt, als dass die aktuellsten Angebote, teilweise mit erheblichen Nachlässen, oder auch neu ins Programm genommene Hotels dort gar nicht erscheinen. Bei allen Veranstaltern kann man sämtliche Reiseangebote selbstverständlich online einsehen, allerdings ändert das nichts an den Fallstricken in den in eigenwilliger Katalogsprache abgefassten Hotel-und Ortsbeschreibungen.

Auch zu Zeiten der Millionen Reiseangebote im Internet über Reiseportale mit griffigen Namen aber bedauernswerten Service, da der mündige Verbraucher der festen Überzeugung ist, nicht mehr auf die Hilfe eines stationären Reisebüros angewiesen zu sein, werden immer noch die gleichen Fehler bei unbedarfter Buchung gemacht.

Was ich hier nun in groben Zügen niederlege, ist in jeder drittklassigen Tageszeitung zu Beginn der jeweiligen Urlaubssaison oder auch in der Sauren-Gurken-Zeit oder wenn mal wieder die Wochenendbeilage zu füllen ist, zu lesen. Und eben aus diesen Gründen liest es wohl niemand. Daher verwundert es mich nicht, wenn immer wieder Gäste nach Meerblick verlangen, obwohl sie nur Meerseite gebucht haben. Hier steckt der Teufel im Detail: während natürlich eine Unterkunft mit Meerblick auch einen solchen garantiert gewähren muss, dabei ist sogar nach seitlichem und direkten Meerblick zu unterscheiden, liegt eine Unterkunft zur Meerseite, wie der Name schon sagt, zwar zum Meer ausgerichtet, jedoch wird man dieses nicht sehen, denn sonst wäre es ja ein Meerblick -Zimmer. Zimmer zur Meerseite liegen im Regelfall im Erdgeschoss mit eingeschränkter Sicht, haben Vegetation vorm Balkon oder im Zweifelsfall, auf einer Insel tatsächlich darstellbar, kann man darauf kommen, dass ja letztlich jedes Zimmer irgendwie zur Meerseite liegt, sofern es nicht gerade zu einem Innenhof ausgerichtet ist. So habe ich schon tatsächlich Hotelbeschreibungen für Hotels gelesen, die über 10 km vom Meer entfernt liegen, dass sie einen hervorragenden Meerblick zu bieten haben. Zwar sehr in der Ferne und am besten mit Fernglas, aber immerhin!

Beispiele Katalogsprache:

„Ein Aufzug führt in die meisten Etagen." = es könnte sein, dass man am Urlaubsende kräftigere Waden hat, und sofern man gehbehindert ist, sollte man Abstand von so einer Unterbringung nehmen

„Die meisten Unterkünfte verfügen über Meerblick." = Wenn Sie eines der wenigeren Zimmer ohne Meerblick bekommen haben sie keinen Meerblick. Eine Aussage die zwar marketingtechnisch nützlich ist, dem Kunden jedoch gar nicht hilft, denn auch der Wunsch nach einem Zimmer mit Meerblick bleibt unverbindlich.

"Die Poollandschaft (!) umfasst einen saisonal geöffneten Pool sowie eine Poolbar (saisonabhängig)." Kein Fake!

"Die Bungalows befinden sich im Nebengebäude." = Soso, indoor Bungalows also! Interessant!

"beheizbarer Pool" = das heißt, dass der Pool nicht unbedingt beheizt wird

"Klimaanlage zentral gesteuert"= wird vielleicht erst bei einer Außentemperatur von 30 Grad eingeschaltet, keine Möglichkeit der individuellen Steuerung

"bei Stammgästen beliebt" = oha, das kann verschiedene Gründe haben, entweder weil das Ambiente so gewöhnungsbedürftig ist, dass kein anderer wiederkommt oder aber es herrscht eine sehr familiäre Atmosphäre wie auf dem Campingplatz und die Nachbarn gucken Ihnen die Gurke vom Frühstücksbrot

"verfügt über ein offenen Badbereich" =Sie und Ihre Reisebegleitung sollten keine Probleme mit Intimität haben, oder es ist Ihnen egal, dass Sie die Morgentoilette ungefiltert dem Zimmergenossen präsentieren

Alleinreisende sollten sich vergewissern, ob ein Doppelzimmer zur Alleinnutzung gebucht wurde oder ein Einzelzimmer. Echte Einzelzimmer, also Gästeräume mit nur einem Bett, sind selten geworden und verfügen oft nicht über einen Balkon oder liegen sehr ungünstig.

Da zu besonderen Anlässen (Großveranstaltungen, Schulferien) zwar selten, aber doch gelegentlich, auch 'halbe' Doppelzimmer angeboten werden, sollte man genau aufpassen. Es handelt sich dabei eigentlich um ein Bett in einem Zimmer für zwei unabhängig voneinander reisenden Personen. Dies wird in der Zimmerbeschreibung sehr ausführlich erläutert, aber da meiner Erfahrung nach Lektüre nicht bei allen Reisenden hoch im Kurs steht, sollte man sich sehr gut überlegen, ob man mit einer unbekannten Person des gleichen Geschlechts, und auch da wäre ich mir nicht in jedem Fall sicher, das Zimmer teilen möchte.

Bedauerlicherweise merkt man immer häufiger, das Reiseveranstalter Textbausteine verwenden, um eine Hotelbeschreibung zu erstellen. Dabei hat man den Eindruck, dass ein Reiseleiter (ja, auch das gehört zusammen mit Sicherheitschecks zu meinen bevorzugten Aufgaben!) zuvor mit einer Checkliste durch das Hotel gelaufen ist und sämtliche vorhandenen Services, Einrichtungen, etc. auf einer Checkliste abgehakt hat und diese dann zu einer Ansammlung von Stichpunkten führt, die mit einer Hotelbeschreibung, wie sie in früheren Zeiten in den Katalogen zu lesen war, nichts gemeinsam haben. Erstaunlicherweise brüsten sich die Entwickler solcher Text Maschinen auch noch im Internet mit ihrem Erfolg. Zwar scheinen diese Beschreibungen aufgrund ihrer stichpunktartigen Ausführungen einigermaßen rechtssicher zu sein, aber zu einer besseren Verständlichkeit führt dies nicht.

Ich achte stets bei meinen Runden durch das Feriengebiet auf etwaige Baustellen oder auch nur Renovierungsarbeiten in den Hotels um diese entsprechend den Reiseveranstaltern zu melden. Nicht immer werden diese den Kunden, obwohl die vertragliche Pflicht dazu besteht, auch vor Reiseantritt mitgeteilt. Dann hat der Kunde nämlich das Recht, vom Reisevertrag kostenlos zurückzutreten. Zu erklären ist dies damit, dass die Reiseveranstalter verschuldensunabhängig für die vertragsgerechte Erbringung der Leistungen einzustehen haben. Es ist eine einfache Rechnung für Reiseverantalter:

Was kosten mich die stornierten Reisen (evtl. Kosten für Flüge, ausgefallener Gewinn)?

Wieviel Prozent vom Reisepreis ist dem Kunden als Entschädigung maximal zu erstatten?

Kann jemand anderes (Hotelier) für die Einschränkungen haftbar gemacht werden?

Ist es sinnvoll, den gebuchten Kunden die Einschränkungen mitzuteilen, zusätzliche Leistungen als Entschädigung anzubieten und ggf. sich die Kosten mit dem Hotel zu teilen, in der Hoffnung, die informierten Kunden reklamieren nicht weiter?

Je nachdem, wie das Ergebnis ausfällt, werden die Kunde vor Anreise oder bei Buchung informiert, oder auch nicht! Das sind dann die zugegebenermaßen schwierig zu handhabenden Fälle, da einem selbst durchaus bewusst ist, dass der Gast wissentlich übervorteilt wurde. Sofern der Gast nur ein klein wenig aufmerksam ist, wird er das sehr schnell merken. Denn wenn eine Baustelle schon offensichtlich seit Monaten besteht, ist es sehr schwer eine Erklärung zu finden, warum das dem Kunden nicht vor Anreise mitgeteilt wurde.

Ähnlich verhält es sich mit der Unsitte der geplanten Überbuchungen. Da werden, in trauter Vertrautheit und Einigkeit von allen Beteiligten billigend in Kauf genommen, mehr Buchungen für besonders beliebte Hotels angenommen, obwohl absehbar oder bereits gewiss eine Überbelegung der Hotels entsteht, also nicht genügend Zimmer zur Verfügung stehen. Also werden einige Gäste, und dabei geht es nach keinem für den Kunden ersichtlichen System zu, nach ihrer Ankunft darüber informiert, dass sie ihren Urlaub in einem anderen, meistens gleichwertigen, gelegentlich auch höherwertigen Hotels untergebracht. Einigen Gästen macht das nichts aus, für andere bricht, zum Teil ehrlich nachvollziehbar, eine Welt zusammen. Mehr als einmal konnte ich solche Gäste überzeugen, nicht sofort zurückzufliegen und es doch erst einmal anzuschauen. Natürlich gehören solche Gespräche samt und sonders nicht zu den vergnügungssteuerpflichtigen Veranstaltungen. Auf Seiten der hierfür verantwortlichen bei den Hotels und Reiseveranstaltern überwiegen eindeutig die wirtschaftlichen Überlegungen den Servicegedanken. Denn in aller Regel geht die Rechnung für Veranstalter und Hoteliers auf. Leider ist der Gesetzgeber noch nicht auf die Idee gekommen, solches vorsätzlichen und vermeidbaren Vertrags-verletzungen durch entsprechende Regelungen auszumerzen. Bei Flugüberbuchungen hat die EU dankbarerweise entsprechende Regelungen, die derartige Überbuchungen aus wirtschaftlicher Hinsicht meist unattraktiv machen, getroffen. Wann so eine Regelung auch für Pauschalreisen getroffen wird, ist fraglich, ich arbeite daran. Denn die Arroganz, die sowohl Reiseveranstalter als auch Hotelketten bei der Abspeisung der zu Recht reklamierenden Urlauber an den Tag legen und die ich und viele meiner Mitstreiter dann gegenüber den Kunden zu vertreten und zu verteidigen haben, ist einer der wirklich negativen Aspekte der Tätigkeit.

Ich habe vor vielen Jahren eine regelrechte Überbuchungsorgie erlebt. Eine Hotelkette, zu dessen Portfolio auch ein Kongresszentrum gehört, entschied sich kurzfristig, einen internationalen Friseurkongress auszurichten. Der international tätige Haarpflegekonzern war es sich wert, für alle Teilnehmer die Unterbringung in den umliegenden 4 und 5 -Sterne -Hotels vorzunehmen. Jedoch reichten die noch verfügbaren Zimmer nicht aus, um die 2000 Teilnehmer unterzubringen. Daher mussten quer über alle Reiseveranstalter Hunderte von Gästen am Flughafen informiert werden, dass sie in anderen Hotels, teilweise in der Nähe , zum Teil in anderen Orten und unter ganz anderen Bedingungen. Während dieser Zeit grüßten sich die Reiseleiter verschiedener Veranstalter mit mitfühlenden Blicken, denn alle hatten mit den zu Recht enttäuschten und aufgebrachten Kunden reichlich zu tun.

Da wurden teilweise ganze Busladungen in andere Hotels gekarrt und wie man sich vorstellen kann, trat die sonstige Betreuungsarbeit der Gäste völlig in den Hintergrund.

Ich bin der festen Überzeugung, dass es sich nur lohnt, einem Reiseveranstalter Geld in den Rachen zu schmeißen, wenn man den Eindruck hat, dass dieser sich tatsächlich um die Qualität seiner Leistungen kümmert und auch vor wahrheitsgetreuen Beschreibungen der Hotels nicht zurückschreckt.

Leider hat man diese Gewissheit erst meistens nach dem Urlaub. Indessen lässt sich die Qualität der einzelnen Anbieter eben schon anhand der Vollständigkeit und Übersichtlichkeit alle zur Verfügung gestellten Schriften abschätzen. Wie bereits an anderer Stelle erwähnt kostet eine Reisebuchung im Reisebüro nicht mehr als im Internet und sie fördern die lokale Wirtschaft, wenn sie bei ihrem Reisebüro um die Ecke buchen, das genau den gleichen Zugang zu allen Reiseangeboten hat wie das World Wide Web auch. Im Zweifelsfall haben sie nach Urlaubsrückkehr auch noch jemanden zur Verfügung, der Ihnen bei der Reklamation etwaiger echter Reisemängel zur Verfügung steht und den sie sich zumindest verbal vornehmen können, wenn die Beratung mies war.

Bei Reisevermittler im Internet herrscht hier meistens Fehlanzeige. Nach meiner Erfahrungen werden Reklamationen ohne Prüfung an die

Reiseveranstalter weitergereicht, ohne zuvor auch nur ansatzweise überprüft zu haben, ob das Reiseportal vielleicht nicht ganz unschuldig an der Reklamation ist, da man es unterlassen hat den Gast über wesentliche Merkmale der Reise aufzuklären.

So geschah es auch mit einer Reklamation von Kunden, die eben über ein solches Reiseportal bei einem von mir vertretenen Veranstalter ein Zimmer mit Meerblick gebucht hatten, dass es in diesem Hotel gar nicht gab. Das Portal hatte bei der Buchung, nachgewiesen durch eine Bildschirmaufnahme, auf die Beschreibung eines anderen Veranstalters für ein anderes Hotel verwiesen und bot dementsprechend auch Meerblick--Zimmer an, die es gar nicht gab.

Zwar wurde der Preis korrekt für ein Standardzimmer berechnet, allerdings traten auf der Bestätigung durch das Reiseportal bereits die Unstimmigkeiten zwischen den Zimmerkategorien deutlich zu Tage. Denn der Veranstalter bestätigte ein einfaches Doppelzimmer, während im Text des Reiseportals nach wie vor von einem Meerblick Zimmer die Rede war. Es ist verständlich, dass der Gast verärgert war, nun in einem Hotel untergebracht zu sein, dass weder am Strand lag noch über irgendeinen Meerblick verfügte.

Mir blieb nichts anderes übrig, als den Gast darauf hinzuweisen, dass der Veranstalter nur für die jeweils von ihm verfasste Ausschreibung und Buchungsbestätigung verantwortlich ist und er sich doch deswegen bitte an das Vermittlungsportal wenden solle. Dieses reichte einfach die Reklamation weiter, ohne zunächst selbst irgendeine Prüfung vorzunehmen, die sicherlich zu dem Ergebnis gekommen wäre, dass man die Reklamation aufgrund eigener Fehler verbockt hat. Aus meiner Sicht ist es diese Art von Portalen ziemlich egal, was sie verkaufen und ob sie ihnen damit den Urlaub verderben, wenn nur der Gewinnerzielungsabsicht in maximaler Form Rechnung getragen wird. Ein Interesse, Ihnen einen schönen Urlaub zu ermöglichen, sollte man solchen Portalen nicht unterstellen. Ich hatte selber bereits mehrfach mit Callcentern solcher Portale zu tun und war über die mangelnden Fach - und Sachkenntnisse entsetzt.

Nun sollte man tatsächlich nicht alles glauben, was im Internet geschrieben steht, insbesondere nicht auf Hotelbewertungsportalen.

Denn da passierte es einem meiner Gäste, dass er über die Weihnachtsfeiertage eine schnuckelige kleine Bungalowanlage direkt am Meer buchte und mit Sohn und nicht angemeldeten Hund anreiste. Der Kunde hatte im Internet so viele Fotos mit glücklichen Hundebesitzern in dieser Ferienanlage gesehen. So war das auch. Gewesen! Zwar nur, bis die Anlage einen neuen Betreiber erhielt und dieser den Aufenthalt von Hunden ausschloss. So erreichte mich, wieder mal auf dem Notruf, am ersten Weihnachtsfeiertag der Anruf dieses Gastes, der nun überhaupt nicht verstand, warum der Rezeptionist das Hündchen nicht aufnehmen wollte.

Ich war natürlich sehr verwundert, da diese Anlage erst neu im Programm aufgenommen worden war und dort nichts zum Thema Hundehaltung geschrieben stand. Es gibt einige Ferienunterkünfte, die kleine Hunde bis zu einem gewissen Gewicht unter Einhaltung bestimmter Regeln und gegen Zahlung einer Gebühr akzeptieren. Nun musste eine Lösung her, denn ich konnte dem Gast ja nicht, obwohl der Hund bei uns nicht angemeldet war, nun einfach die Unterkunft verwehren. Also versuchte ich zunächst mit dem Hotelier eine Lösung zu finden. Allerdings dauerte es, wie so oft im Leben, etwas länger bis ich diesen erreichte, sodass ich mich bereits anderweitig auf die Suche begab und anfing, diejenigen Unterkünfte abzutelefonieren, die Hundehaltung erlaubten. Selbstredend waren zur Weihnachtszeit sämtliche dieser Unterkünfte ausgebucht.

Ich befürchtete schon, dem Herren eine Absage bezüglich seines Hundes erteilen zu müssen und ihn an eine Bekannte, die eine Hundepension betreibt, verweisen zu müssen. Glücklicherweise erreichte ich dann den Hotelier und dieser erlaubte ausnahmsweise gegen Zahlung einer Gebühr und unter Einhaltung einiger verständlicher Regeln den Aufenthalt des Hündchens. Der Gast hatte zwei Fehler begangen: Zum einen hatte er sich nicht ausreichend bei verlässlichen Quellen, und in diesem Falle wäre das natürlich der Reiseveranstalter gewesen, darüber informiert, ob sein Hund in der Anlage willkommen wäre und andererseits war der

Hund in der Reiseanmeldung nirgends erwähnt. Im Zweifelsfall hätte der Kunde keinerlei Handhabe gehabt und hätte sich zwischen der Unterbringung des Hundes in einer Haustierpension mit Besuchsmöglichkeit oder der Suche nach einer geeigneten Unterkunft, alles auf eigene Kosten und ohne jegliche Rückgriffsmöglichkeit auf den Veranstalter, entscheiden müssen. Da gilt dann wieder: Wer lesen kann, ist klar im Vorteil!

Ähnlich erging es einer Hundehalterin, die sich im Vorfeld nicht über die unterschiedlichen Beförderungsbedingungen für Hunde auf den gebuchten Flügen bei verschiedenen Fluggesellschaften erkundigt hatte. Die Dame war mit ihrem Mops im Frachtraum problemlos auf einem Flug der Fluggesellschaft A angereist, jedoch sahen die Beförderungsbedingungen von Fluggesellschaft B für den Rückflug einen kategorischen Ausschluss der Beförderung von Möpsen vor. Dementsprechend aufgebracht rief die Dame, wieder mal auf dem Notruf, direkt vom Check-In Schalter an. Man wollte ihren Mops nicht mitnehmen und sie würde so auf keinen Fall den Rückflug antreten. Ich fragte die Dame, ob sie denn ihren Mops angemeldet hatte. Sie hatte einen Hund zur Beförderung im Käfig im Frachtraum angemeldet, ohne sich jedoch das Kleingedruckte der Buchungsbestätigung anzuschauen. So hatte sie überlesen, dass Möpse und andere Hunderassen (kurznasige Rassen) von der Beförderung ausgeschlossen sind. Da rechtlich gesehen sämtliche

Zusatzleistungen, die bei Fluggesellschaften ohne Einschaltung des Reiseveranstalters gebucht werden, nicht zum Reisepaket gehören, habe ich als Reiseleiter keinen Einfluss aber auch keine Verantwortung für diese Serviceleistungen. Die Antwort für die Kundin war natürlich nicht zufriedenstellend. Da ich keine Flugumbuchung auf eine andere Fluggesellschaft in der Kürze der Zeit vornehmen konnte, riet ich der Dame, sofern das Bodenpersonal für die Beförderung nicht einlenkte, sich zügig an eine der anderen Fluggesellschaften zuwenden und dort einen neuen Flug mit Mops zu buchen. Irgendeiner der Tipps scheint wohl gefruchtet zu haben, denn die Dame meldete sich nie wieder bei mir.

Sehr interessant wird es, wenn man Hotelbeschreibungen verschiedener Veranstalter miteinander vergleicht und dann feststellt, dass es doch verschiedene Längenmaße zu geben scheint, denn im gleichen Hotel kann die Entfernung zum Strand nur 400 m betragen, jedoch auch mal 1,2 Kilometer.

Deutschlands größter Veranstalter verzichtet gleich ganz auf Entfernungsangaben, hier wird Entfernung neuerdings in Freizeitaktivitäten wie 'Spaziergang' oder 'Fussmarsch' angegeben. Spaziergang meint hier wohl Entfernungen von bis zu zwei Kilometern, darüber hinaus sind wohl 'Fussmärsche' die Bezeichnung, wahrscheinlich bis zu mehreren tausend Kilometern.

Leider ist Urlaub buchen in den letzten Jahren eher komplizierter als einfacher geworden. Bekamen bis vor einigen Jahren noch ein Komplettpaket aus einer Hand, also die klassische Pauschalreise Reiseveranstalters, hat die 'Geiz ist Geil! '--Mentalität neue Konzepte auf den Plan gerufen. So ist es durchaus nicht unüblich, das Buchungsportale im Internet als Reiseveranstalter einspringen. Dort wird aus den jeweils günstigsten Teilprodukten ein Gesamtpaket zusammengeschnürt, das dazu führt, dass der Gast, um vermeintlich 5 € zu sparen, nun die ganze Arbeit am Hals und keinen Durchblick mehr hat. Online Check -In bei Ryanair, Gepäck nur 15 Kilo, da müssen doch noch Kilos zugebucht werden, was die Preisersparnis wieder komplett zunichtemacht. Dann gilt es, den Transfer -Agenten am Zielflughafen ausfindig zu machen, denn der ist irgendein Anbieter, der nicht mit einem Reiseveranstalterschild am Flughafen steht, sondern sich irgendwo in der Ankunftshalle befindet und erst gesucht und gefunden werden muss. Selbstverständlich sprechen die meisten der einheimischen Angestellten bei diesen Anbietern nur leidlich Englisch und selten Deutsch, weitergehende Informationen gibt es nicht.

Bei solchen Shuttle -Transferen bezahlt der Online -Reiseveranstalter pro Platz in Abhängigkeit von der Entfernung einen Fahrpreis, der meist sogar niedriger liegt als der Preis für das Linienbusticket. Kalkuliert wird der Preis für den Kunden mit einem vielfach höheren Wert. Da kann es auch schon mal passieren, dass man mehr als zwanzig Stopps hat, bevor man das gebuchte Hotel erreicht. Dort wird sich der mittlerweile ziemlich genervte Gast mit dem Super--Sparzimmer im Souterrain und Blick auf die Lieferanteneinfahrt belohnt. Ein Upgrade auf ein Zimmer mit annehmbaren Ausblick würde mehrere hundert Euro kosten, die das Reisebudget nicht hergibt. Weiterhin ergeben sich Rätsel, wie man denn die Abholzeit am Abreisetag erfährt. Letztlich dann überraschenderweise, nach zig erfolglosen Anrufen bei allen Telefonnummern aus den bunt zusammen gestückelten Reiseunterlagen, kommt eine e-mail an der Rezeption mit der Abreiseinformation an, und zu guter Letzt schafft man es dann auch noch wiederum das Online Check-In zu bewerkstelligen, bei einer anderen Fluggesellschaft deren Internetseite natürlich völlig anders aussieht. Wenn man dann zum Beispiel das Online Check-In nicht macht, können am Flughafen unangenehm hohe Gebühren auf den Reisenden zukommen. Am Ende wird es oft teurer als von Anfang an auf einen 'alles-aus-einer-Hand' – Anbieter gesetzt zu haben.

Unglücklicherweise können sich auch renommierte Reiseveranstalter kaum dagegen wehren, dass Reisebausteine eben auch zum zusammen Zimmern mit Angeboten anderer Pauschalreisen verwendet werden. Folgerichtig schlagen dann natürlich in den Servicezeiten auch Gäste auf, die ausschließlich das Hotel über einen von mir vertretenen Reiseveranstalter gebucht haben, aber selbstverständlich Informationen über

Rücktransfer und Rückflug haben möchten und auch das Online Check -In für die Urlauber soll vom Hotel-Reiseleiter übernehmen werden. Die Zuständigkeiten zu erklären, dauert manchmal länger als die Gäste einfach einzuchecken.

Allerdings muss auch der Verbraucher spüren, dass Geiz eben nicht immer geil ist. Deswegen lehne ich diese Art von Service für Fremddienstleistungen ab. Ich bitte die Gäste um Ihr Verständnis und um Obacht bei der nächsten Reisebuchung, damit sie dann auch wieder den kompletten Service aus einer Hand haben.Hereinspaziert – die Unterkunft

Die glücklichen Inseln

Viele Deutsche besuchen die kanarischen Inseln regelmäßig, hierzu mag das ganzjährig angenehme Klima beitragen, das selbst im Sommer in aller Regel für erträgliche Temperaturen sorgt. Im Winter steigt man bei Schneesturm in Deutschland ins Flugzeug und nach kaum vier Stunden und dem nicht stattgefundenen Bordservice der Charter-Platzhirsche, die selbst schon vor Corona und nach dem gierbedingten Ausscheiden von Thomas Cook aus dem eigentlich gar nicht so hart umkämpften Pauschalreisemarkt mit großen strukturellen Schwierigkeiten kämpften, steigt man auf einer der makaronesischen Inseln aus. Wo? Südsee? Maccaronesien? Gibt´s da Makkaroni oder gar Macarons?

Nein, das ist der Name für die Inselgruppe im Atlantik, zu der neben den kanarischen Inseln, acht an der Zahl plus einige Felsen und kleinerer Nebeninseln, auch die Azoren, Madeira und die Kapverden gehören. Der Name leitet sich aus dem Griechischen ab und bedeutet 'glückliche Inseln'. Klimatechnisch können wir Bewohner uns wirklich glücklich schätzen, denn trotz der Lage mitten im Atlantik, immerhin von bis zu 6.500 Metern tiefen Ozean umgeben, ist man hier vor klimatischen Extremereignissen weitgehend geschützt. Tropenstürme ziehen nur unter äußerst seltenen Bedingungen über die Archipele. Mehrmals pro Jahr werden insbesondere die östlichen Kanareninseln durch den Calima geplagt, der heiße Wüstenwind, der sich auf dem Weg über das Wasser mit Feuchtigkeit auflädt, die sich an die Staub--und Sandpartikel aus der nur einige hunderte Kilometer entfernten Sahara heftet und dementsprechend für hohe Luftfeuchtigkeit und eingetrübte Sicht verantwortlich ist. Das ist aber auch das einzige Wetterphänomen, das unangenehm wird, Schnee gibt es nur alle Jubeljahre im Gebirge auf über 2.000 Meter ü.N.N. und mobilisiert dann jeweils insbesondere die jüngsten Jahrgänge samt Geschwistern, Eltern und Großeltern um in der seltenen weißen Pracht zu spielen, herumzutollen, Schneeballschlachten auszutragen oder einfach nur den heißen Kakao und das Picknick, beides von daheim mitgebracht, zu verzehren. Tatsächlich gab es in Las Palmas auch schon *Schneefrei,* um den Schülern einen Schneeausflug zu ermöglichen.

Und gerade in den feucht -kalten und trüben Wintermonaten, die nun wirklich aufs Gemüt schlagen können, nehmen sich viele Menschen aus Mittel--und Nordeuropa eine oder mehrere Auszeiten unter kanarischer Sonne, viele Ruheständler auch über Monate. Die Tage werden hier zwar auch im Winter kürzer, aber insgesamt sind die Tageslängen durch die Nähe zum Äquator weniger extrem.

So sieht man als Reiseleitung ab Ende Oktober immer wieder bekannte Gesichter, sei es auf unseren Begrüßungsveranstaltungen, die diese Gäste wahrscheinlich mit noch mehr Details ausschmücken könnten, als das ein saisongestresster Reiseleiter zustande bringt, da ihm einfach die Zeit fehlt, die Entdeckungen der Überwinterungsgäste selber mal in Augenschein zu nehmen.

Über die Jahre ergeben sich somit zwangsläufig weiter wachsende Beziehungen zu diesen Urlaubern, denn man begleitet sich gegenseitig über Monate im Alltag, wenn man diese Touristen regelmäßig durch die Hotelhalle in Richtung Strand, Dünen oder Abendessen ziehen sieht und man gelegentlich einige freundliche Worte wechselt. Selbstverständlich sind solche Gäste aus Reiseleitersicht einigermaßen unattraktiv, denn Ausflüge oder sonstige Aktivitäten bietet man hier vergeblich feil. Diese Gäste organisieren sich in aller Regel völlig selbständig und besuchen die Reiseleitung außer zum zuvor erwähnten Plausch wirklich nur, wenn deren Assistenz unabdingbar ist.

Zum Beispiel in der noch weiter hinten im Buch beschriebenen Apartmentanlage 'Don Cristo', als dort nach einem überraschenden Betreiberwechsel und Umbauarbeiten während des Sommers die bis dahin 'dienstältesten' Stammgäste Gertrud und Gisbert F. aus Montabaur bei Antritt ihres dreimonatigen Aufenthalts Ende Oktober feststellten, dass der eigentlich zum Inventar gehörende Rezeptionist Bernardo mit einem gnadenlosen Buchungssatz in die Arbeitslosigkeit befördert worden war und sie dort von einem unbekannten Mitarbeiter empfangen wurden.

Auch die Rezeption und die Zugänge zu den Gebäudeteilen waren beim Umbau verlegt worden. Das dadurch eine zuvor als Lagerraum genutzte Putzkammer umgewidmet wurde und nun Teil eines neu entstandenen Zugangs zum Poolbereich waren, merkten die F.s erst am nächsten Tag. Da fiel den beiden ein, dass sie bereits seit vielen Jahren einen Pappkarton von Bernardo hatten verwahren lassen. Darin hatten Sie ein Adventsgesteck, anderen Weihnachtsschmuck, einige Haushaltswaren und allen möglichen Kram verstaut. Dinge, die nicht wirklich wichtig waren, aber zu vertrauten Gewohnheiten gehörten. Was war aus denen bloß geworden?

Das konnte Eusabio, der neue Rezeptionist auch nicht sagen. Denn er hatte erst nach dem Umbau seine Arbeit angetreten, eine Übergabe zwischen den Rezeptionisten hatte nicht stattgefunden, da die Chefs nicht für nötig hielten und man einen kompletten Neustart durchführte. Selbst Bernardo, den ein anderer Stammgast ausfindig machte, konnte keine Hinweise auf den Verbleib des F.schen Karton und eines Fahrrads geben, denn man hatte ihm von einem Tag auf den anderen gekündigt. Was dann mit dem Inhalt des Lagerraums passiert ist, dürften nur die Bauarbeiter wissen, und die waren nicht greifbar.

Selbstverständlich sorgte das Verschwinden nicht nur mit dem Ehepaar F. für eine angeregte Diskussion, ob und wie weit der Reiseveranstalter für die nicht mehr vorgefundenen Gegenstände haftbar ist, denn der neue Betreiber in Person des Eusabio hatte jegliche Verhandlung im Keim erstickt. Denn es wurde sehr schnell klar, dass es keine Verwahrscheine oder Empfangsbelege gab. Gegen ein Trinkgeld hatte Bernardo die Kartons, Fahrräder und Nordic - Walking -Stöcke, Strandmobiliar und was gefühlte fünfzig weitere Gäste so zum Verwahren haben, zu treuen Händen übernommen .

So musste ich den Betroffenen leider die Ablehnung jeglicher Ansprüche verklickern, ein nicht ganz leichtes, aber rechtlich einwandfreies Unterfangen. Ich frage mich nach wie vor, wie man überhaupt darauf kommen kann, dass in so einem offensichtlichen Fall der Reiseveranstalter zu haften hat.

Wie man sich bettet....

Kennen Sie den Unterschied zwischen einem Zweibettzimmer und einem Doppelzimmer?

Zweibettzimmer = zwei physisch voneinander getrennten Betten in einem Raum

Doppelzimmer = ein Doppelbett in einem Raum

Indessen meinen manche Gäste bei Buchung eines Doppelzimmers auch zwei Zimmer beanspruchen zu können. Lustig? Es geht noch besser. Noch besser sind nur noch Leute, die ein Doppelzimmer in Vierer-Belegung buchen und sich wundern, dass das Zimmer mit dem Doppelbett und der Doppelausziehcouch dann doch etwas eng ist und man einen Terminplaner braucht, um die Badezimmerbenutzung zu organisieren. Gerade in den Hauptferienzeiten, wenn allein die Flugpreise den Gesamtreisepreis in schwindelnde Höhen treiben und gestresste, hochqualifizierte Familienväter den Urlaub zwischen Telefonkonferenz und Außentermin während der Arbeitszeit buchen, passiert so etwas gerne mal. So ein Urlaub für vier Erwachsene (zwei Elternteile und zwei Heranwachsende über 12 Jahre) kostet dann schon mal gerne im Juli um die 5.000 Euro, nicht gerade eine Kleinigkeit. Verständlich auch für jeden Reiseleiter, dass die Enttäuschung groß ist, wenn man nicht das bekommt, was man meint, gebucht zu haben.

Jedoch unverständlich, wenn die Buchung eines Urlaubs mit dem gleichen Maß an Aufmerksamkeit und Kontrolle stattfindet, wie die Buchung eines Kinotickets oder eine Bestellung eines Buchs im Internet. Denn die Buchungsportale im Internet sind eben nicht intelligent, sondern folgen sturen

Programmabläufen. Und wenn da jemand eine Reise für vier Personen buchen möchte, werden auch Unterbringungen bis zur Maximalbelegung angezeigt. Da die Preise pro Person für die meisten Unterkünfte auf Basis einer Zweier-Belegung kalkuliert werden, reduziert sich der Preis einer Reise mit der Belegung von vier Personen in einem Zimmer natürlich erheblich gegenüber einer Reise mit zwei Zimmern für je zwei Personen. Bei aufmerksamer Lektüre der Angebote sollte dies eigentlich auffallen. Aber da man ja gerade voll im Stress ist und eh schon alle mosern, weil man den Urlaub immer noch nicht gebucht hat, klickt man selbstverständlich beim günstigsten Angebot, immerhin fast 1.000 Euro gespart! Manche Buchungsportale bieten mittlerweile kundenfreundlichere Suchfunktionen an, bei denen man auch sofort nach Angeboten für zwei Zimmer für vier Personen filtern kann. Allerdings nicht alle. Und so kommt es immer wieder dazu, das eine freudestrahlende Familie beim Betreten des Zimmers eine Überraschung erlebt. Man wunderte sich bereits, dass man nur den Schlüssel für eine Zimmernummer bekam, aber wer weiß, vielleicht ist das ja wie eine Sweet, oder Sviet, oder Suite?! Nein, Pech gehabt, ein normales Doppelzimmer mit einem Doppelbett und einer ausziehbaren Doppelschlafcouch ist der Hauptgewinn. Natürlich können dort eben vier Personen schlafen, jedoch wird es etwas eng, sobald man sich im Zimmer bewegt.

Selbstverständlich weisen auch die Reisekataloge aller Veranstalter darauf hin, dass es bei maximaler

Belegung grundsätzlich eng werden kann und auch die zusätzlichen Schlafstätten eher als Schlafgelegenheiten denn als vollwertige Betten zu erwarten sind. Nur, das sieht der Familienvater ganz anders. Er sieht sich über den Tisch gezogen und ist sich keiner Schuld bewusst. Also geht es zurück an die Rezeption, die dem Gast anhand seines Hotelgutscheins (auch Voucher genannt) und sogar anhand der Reisebestätigung, dass nur ein Zimmer für vier Personen gebucht wurde. Da muss ein Fehler vorliegen, der Herr verlangt also mit dem Reiseveranstalter zu reden. Auch die Mitarbeiterin am Telefon unseres Büros vor Ort kann nicht mehr, als dem Gast zu bestätigen, dass er genau das bekommen hat, was er gebucht **und** bezahlt hat. Sie bietet dem Gast an, die Verfügbarkeit und den Aufpreis für ein zweites Zimmer in Erfahrung zu bringen und bietet einen Rückruf an.

Der Gast dann wörtlich: „Ja, machen Sie das mal, aber einen Aufpreis bezahle ich nicht, hab ja schon genug gezahlt."

Die Kollegin wendet hierauf ein: „Dann ist es sinnlos, ein zweites Zimmer anzufragen, denn selbstredend wird es das nicht ohne Preisdifferenz, und zwar zu Ihren Lasten, geben."

Gast: „Das werden wir ja noch sehen!"

Mitarbeiterin: „Das sehe ich jetzt schon so."

Gast: „Machen Sie trotzdem mal und sagen Bescheid."

Nun, als die Kollegin die benötigten Informationen hatte, sagte sie dem Gast **Bescheid**. Zwar war dieser nicht erfreut nur mit einem Aufpreis von gut 1100 Euro ein zweites Zimmer zu bekommen. Denn unglücklicherweise gab es nur noch Zimmer einer teureren Kategorie und der Gast hatte von einem Frühbucherbonus profitiert, der bei der Preisberechnung für das zusätzliche Zimmer nicht in Abzug gebracht wurde, da die Grundlage dazu fehlte. Nun blieb der Kunde mit seinen drei Begleitern in dem schönen, aber sehr engen Zimmer. Schlussfolgerung: Man sollte der Urlaubsbuchung bereits die Bedeutung beimessen, die diese verdient. Denn sonst würde man einen großen Batzen Geld ja auch erst nach reiflicher Prüfung ausgeben.

In einem 4-Sterne-Hotel der mittleren Preisklasse besuchte mich in meiner Besuchszeit ein junger Mann Anfang 20, der sich über einige Gepflogenheiten im Hotel erkundigen wollte. So begehrte er zu wissen, ob er denn, nur in Badeshorts bekleidet, vom Zimmer zum Pool gehen könne. Mit unendlicher väterliche Güte riet ich ihm, vielleicht doch noch das Badetuch um den Oberkörper zu legen. Aber auch nur in Shorts wäre ob seines zarten Alters denn auch sicherlich nicht verwerflich. Als Nächstes fragte er, ob das Hotel bei der Ausstattung der Betten auf frei platzierbare Kopfkissen und Oberbetten verzichtet.

Ich konnte meine Verwunderung tatsächlich nicht verbergen und fragte ihn: „Wie meinen Sie das denn jetzt?"

„Na, ich habe mich letzte Nacht mit dem Badehandtuch zudecken müssen."

„Aber unter der Tagesdecke liegt doch eine in ein Bettlaken eingeschlagene Wolldecke und selbstverständlich können Sie das Kopfkissen dahin legen, wo es Ihrer Bequemlichkeit am besten dient."

Auf seinem Gesicht bildete sich ein imaginäres Fragezeichen: „Tagesdecke?"

Mit einem verunsicherten Blick durch die Hotelhalle suchte ich nach der versteckten Kamera. Nichts zu entdecken.

„Wie erkläre ich Ihnen das am besten?.... Wären sie so freundlich, mir zu gestatten, Ihnen das direkt auf ihrem Zimmer zu zeigen?"

Er war so freundlich. Also auf ins Zimmer. Auf dem mit der Tagesdecke versehenem Bett lag ein Badetuch. Ich hob also am Fußende des Bettes Stoffschicht nach Stoffschicht an. Erst die Tagesdecke, dann die um die Matratze geschlagene Wolldecke nebst Bettlaken, das die Matratze einhüllende Betttuch und den Matratzenschonbezug. Er schaute ungläubig zu, was da alles zum Vorschein kam. Am Kopfende zog ich dann die Tagesdecke bis zur Hälfte zurück und entblößte dabei das darunter eingeschlagene Kopfkissen. Der junge Mann schlug sich gegen die Stirn. Offenbar verstand er nun den inseltypischen Bettaufbau.

Da ich gerade dabei war, schlug ich also auch noch Decke nebst Laken einstiegsbereit zurück und verkündete: „So, Zähne putzen und dann ab ins

Bettchen! - Übrigens, das Kopfkissen können Sie nun hinschieben, wohin Sie wollen."

Er beteuerte, dass System zuvor nicht durchschaut zu haben und das ihm das ganze ziemlich peinlich sei. Sollte es auch sein, denn im nächsten Moment kicherte er sehr jugendhaft, um zu erklären: „Ich verkaufe doch Box-Spring Betten in Berlin!"

'Ok, armes Berlin' dachte ich, um im nächsten Moment die Überlegung zu verwerfen, ob der junge Mann seinen Kunden vielleicht Bockspringbetten verkauft. Jedenfalls war ich zufrieden, einem Gast aus einer reklamationsträchtigen Situation geholfen zu haben, bevor bei Holidayschreck zu lesen ist: Nett, aber dass das Hotel keine vernünftigen Betten hat....

Der Reisemangel

Klassische Beschwerdepunkte sind regelmäßig nicht ordnungsgemäß gereinigte Zimmer, insbesonders wenn dort noch von blonden Gästen dunkle Haare gefunden werden, abgewohntes Mobiliar, fleckige Bettwäsche, zerschlissene Handtücher, nicht gereinigte Balkone, mit Vogeldreck verzierte Sonnenliegen, nicht funktionierende Lampen oder Elektrogeräte, fehlende Geschirrausstattung bei Apartments mit Küche oder auch ungepflegte Pool-und Außenbereiche, um nur einige zu nennen. Als Reiseleitung wundert man sich bisweilen über die Nachlässigkeit mancher Unterkunftsbetreiber, denn die allermeisten Mängel sind ohne großen Aufwand einfach zu beheben. Warum man sich hier unnötig selbst das Leben schwer macht, bleibt mir ein Rätsel. Allerdings auch bisweilen die Gleichgültigkeit der Verantwortlichen im Einkauf der Incoming Agenturen und der Reiseveranstalter. Da keimt bei mir bisweilen der Verdacht, dass es nicht immer gut ist, dass diese Mitarbeiter keinen Gästekontakt haben.

Obwohl es in der heutigen Zeit kaum erklärbar ist, dass Kunden bei Ankunft in mancher kleineren Apartment--oder Bungalowanlage, die nicht über eine dauerhaft besetzte Rezeption verfügen, zunächst einmal in der Weltgeschichte herumtelefonieren müssen, manchmal auch mit unserem Notruf, um in den Besitz der Zimmerschlüssel zu kommen. Denn oft genug muss man erst beim Verwalter anrufen, der sich dann, gelegentlich auch zügig, auf den Weg macht oder jemanden beauftragt, den Schlüssel zu übergeben. Ein System, das manchmal, da einige Gäste ihre Mobiltelefone im Urlaub absichtlich zu Hause lassen, zu echten Schwierigkeiten führt und immer wieder auch zu Reklamationen. Dankbarerweise haben sich die cleversten Anlagenbetreiber ein System aus anderen Ferienregionen abgeschaut, nämlich kleine Schlüsseltresore am Eingang der Ferienunterkunft, der durch ein elektronisches oder mechanisches Zahlenschloss gesichert ist und dessen Zugangsnummer der Kunde mit seinen Reiseunterlagen bereits im Vorfeld erhält. Eine echte Erleichterung, dessen Einführung Jahre zu spät kam und sich stand heute noch lange nicht flächendeckend durchgesetzt hat.

Gelegentlich stehen auch Einrichtungen des Hotels nicht zur Verfügung oder sind nicht in vollem Umfang nutzbar, wie Saunen oder Fitnessgeräte. Die Hotelplaner und Architekten schaffen es zwar noch, beim Bau der Hotels die entsprechenden Installationen den Hotelbetreibern mit Hinweis auf die Erfordernisse der angestrebten Hotelkategorie abzuringen, jedoch vergisst man diese Einrichtungen auch für die Zukunft entsprechend zu budgetieren. Oft fällt dann die Instandhaltung hinten hinunter. So auch in einem Fall, als eine Reisende sich bitterlich beschwerte, dass der Fitnessraum, natürlich ohne vorherige Ankündigung, vom Hotel aus Sicherheitsgründen gesperrt worden war.

Die Hotelleitung erklärte sich bereit der Kundin die Kosten für die Benutzung eines nahegelegenen Fitnessstudios zu erstatten. Als die Kundin jedoch forderte, für den Weg zur 500 Meter entfernten Muckibude auch noch die Taxikosten erstattet zu bekommen, fragte ich Sie, ob der kurze Weg dorthin nicht optimal zum Warmmachen dienen könnte und teilte ihr mit, dass wir diese Kosten nicht erstatten werden.

Besonders schön ist es, wenn ganz besonders schlaue Reisende eine zwar garantierte, aber nicht zur Verfügung stehende Einrichtung oder Ausstattung mit dem Hinweis reklamieren, man habe das Hotel nur wegen dem nun nicht zur Verfügung stehenden Fitnessraums gebucht, obwohl die äußere Erscheinung nicht darauf hinweist, dass der Reklamierende jemals eine Hantel in der Hand gehalten hat, oder ein Herr mit Vollglatze, der den ausgeschriebenen Haartrockner vermisst. Natürlich veranlasste ich, dass der Föhn zügigst ins Bad des Gastes gelangte, vorzugsweise direkt in die gefüllte Badewanne – mit den Herrn darin – nee, bloß nicht, sonst HUGO...

Aber auch Gäste, die zum ersten Mal statt ein Hotel einen Aufenthalt in einem Apartment buchen, sind vor Überraschungen nicht sicher. So bemängelte ein Gast, dass ihm und seiner Frau nicht ausreichend frische Handtücher zur Verfügung gestellt würden. Wie man denn zwei Tage mit dem gleichen Handtuch auskommen soll? Eine Frage, für deren Beantwortung mir weder Beifall oder Punkte zu Teil wurden. Daher verzichtete ich auf nähere Erwiderung und hielt dem geneigten Ex-4-Sterne Gast vor, dass ihm bei aufmerksamer Lektüre der Beschreibung der ungefähr 60% günstigeren Apartmentanlage der dreimal wöchentliche Handtuchwechsel wie der nur einmal in sieben Tagen stattfindende Bettwäschewechsel sicherlich sofort ins Auge gesprungen wäre. Natürlich hatte der passionierte Golfspieler die Beschreibung nur überflogen und angenommen, dass man auch für kleines Geld jeden Tag neue Wäsche bekommt.

Ich bot dem Gast einen Umzug in das sonst bevorzugte Hotel an, was man aufgrund des Aufpreises verwarf und versuchte mit dem Betreiber einen häufigeren Wäschewechsel für den Gast zu vereinbaren, jedoch erfolglos.

Wenn also eine oder mehrere der vorgenannten Ärgernisse eintritt und reklamiert wird, obliegt es der Reiseleitung, schnellstens für Abhilfe zu sorgen. Das kann entweder durch Beseitigung der Störungen erfolgen, was in der Verantwortung des Hoteliers liegt. Sollte das Ausräumen des Reklamationsgrundes nicht möglich sein, wird dem Kunden ein Umzug in eine gleich—oder höherwertige Unterkunft angeboten was grundsätzlich ohne Aufpreis passieren sollte. Bei wenigen Unterkünften stellt sich die Suche nach einer Alternative als aussichtslos dar, da sie über einzigartige Merkmale verfügen die so in anderen Unterkünften nicht gegeben sind. Auch zu Spitzenzeiten in der Hochsaison, wenn so gut wie alles ausgebucht ist, entpuppt sich das Aufspüren von Ersatzunterkünften als eine echte Herausforderung. Glücklicherweise habe ich es nur sehr selten erlebt, dass ein Kunde erhebliche Einschränkungen der Reiseleistungen für den gesamten Aufenthalt hinnehmen musste. Dafür sind diese aber auch im Anschluss geldmäßig entschädigt worden. Eine sehr niedrige Reklamationsrate von unter einem Prozent ist da schon für mich, meine Kollegen und Chefs ein sehr angenehmes Ruhepolster in dieser Hinsicht.

Nicht immer gut beraten

Andererseits sind auch nicht alle Mitarbeiter der Tourismusbranche, insbesondere der Reisebüros, reiseerfahren, weltgewandt und daher nicht immer ein Partner auf Augenhöhe für anspruchsvolle Kunden. So finden regelmäßig Kennenlernreisen für

Reisebüromitarbeiter statt und so werden bei großen Hotels natürlich auch alle Zimmertypen angeschaut. Gelegentlich eben auch die teuersten Suiten. Und genau da nahm mich eine sehr junge, schüchterne Teilnehmerin zur Seite und fragt mich verschämt nach dem Sinn des Fußwaschbeckens im Badezimmer. Ich erklärte ihr leise denn Sinn und Zweck des Bidets, während die Gruppe mit der Besichtigung weitermachte. Nicht alle Menschen gehen mit ihren Wissenslücken so diskret um wie diese aus einfachen Verhältnissen stammende junge Kollegin, die sich eifrig Notizen zu allem Interessanten und Wissenswerten machte. Ein älterer Teilnehmer, Inhaber eines Reisebüros, machte seiner Verwunderung über das seiner Ansicht nach unnötige Badmobiliar deutlich lautstärker Luft und erntete dafür mitleidige und belustigte Blicke der meist angestellten, dafür aber wesentlich erfahrener Mitreisenden und natürlich ließ ich es mir nicht nehmen, der jungen Fragestellerin einen wissenden Blick zuzuwerfen, welchen sie mit einem Schmunzeln erwiderte.

Stille Nacht

Alle Jahre wieder kommt nicht nur das Jesuskind auch auf diese schöne Insel. Jesus in Mehrzahl gibt es auch so genug auf der spanischsprachigen Insel, da dies dort ein ganz gebräuchlicher Vorname ist. Witzig ist es auch, wenn Gäste von einem Taxifahrer dieses Namens gefahren werden, also vom Flughafen zum Hotel. Ich setze dann immer ein ganz andächtiges Gesicht auf und bereite die Gäste auf eine heilige Fahrt vor. Meistens stößt dies erstmal auf Unverständnis bis es dann „klick" macht. Aber zurück zu Weihnachten. Anscheinend hat es sich trotz der hohen Preise unter Alleinstehenden herumgesprochen, dass man doch zu Weihnachten, wenn schon nicht der eigenen, weil nicht vorhandenen oder aus nachvollziehbaren Gründen auf Abstand gegangene Familie, auch anderen völlig unschuldigen Menschen, also sprich Hoteliers und Reiseleitern und Übrigen im Tourismus Beschäftigten mal so richtig auf den (heiligen) Geist gehen kann. Man hat ja schließlich bezahlt, und zwar nicht zu knapp. Denn die Flüge und Hotels sind unerhört teuer, inklusive Galazuschlag.

Allerdings findet das Weihnachtsessen in den Hotels erst am ersten Weihnachtstag statt, am Heiligabend gibt es wie immer Buffet, auch gerne mal mit Würstchen und Kartoffelsalat, und das endet dann auch meistens früher als gewöhnlich, damit

Kellner und Köche auch Heim zu ihrer Familie kommen. Jedenfalls reisen vor und bis zum 24. Dezember auffällig viele Einzelpersonen an. Bestimmt könnte man für dieses festbedingte Fluchtsyndrom auch einen hochtrabenden, wissenschaftlichen Namen finden. Zwischen den zahlreichen unauffälligen Weihnachtsflüchtlingen gibt es immer wieder auch völlig durchdrehende Gestalten, die dann, wieder mal auf unserem Notruf, ganz schnell einen Rückflug in die Heimat wünschen. Das ist meistens sehr kostspielig und oft auch nicht möglich, aber immerhin noch recht unproblematisch.

Eine Enttäuschung erleben auch immer wieder diejenigen Alleinreisenden, die wohl aufgrund der zugegebenermaßen vollmundigen Werbeaussagen der Reiseveranstalter meinen diese sorgen auch für die entsprechende Rundumbespaßung. Da kommt es dann schon mal vor, dass Frau Gesine M., pensionierte Grundschullehrerin aus H. in S. (ich möchte nicht wegen Regionalbashing hier beschimpft werden) in der Servicezeit aufschlägt, sich beschwert, dass das von ihr zur Alleinnutzung gebuchte Apartment ohne Verpflegung ja doch sehr teuer war, dort ja nur Paare in der Nachbarschaft zu sehen seien und ja nirgendwo eine Weihnachtsparty stattfinden wird. Trotz der Empfehlung, besser in ein Hotel mit Halbpension und schöner Weihnachtsgala zu ziehen, bekommt man nur zu hören, dass man wohl so gar nicht am Wohlergehen der Gäste und insbesondere an dem von alleinreisenden Damen, interessiert wäre. Denn dafür jetzt auch noch etwas draufzahlen, das geht überhaupt nicht. Da kann man nur hoffen, dass man von der Dame nichts mehr hört.

Heftiger sind dann Personen, die aufgrund massiven kombiniertem Alkohol--und Medikamentenkonsums ein Fall für den achten Stock des Inselhospitals werden. Dort befindet sich die geschlossene psychiatrische Abteilung. Andere ziehen es vor, ihrem vermeintlich unerträglichem Leben ein Ende durch einen Sprung vom Balkon oder durch Erhängen mit Bettlaken am Geländer des selbigen zu setzen. Zum Glück nicht alle Jahre wieder!

Neben der Spur

Offensichtlich lieben manche Angehörige ihre pflegebedürftigen Familienmitglieder so sehr, dass sie auch nicht Kosten und Mühen scheuen, und ihn eine Pauschalreise zu buchen. Leider auch gelegentlich mit dem Reiseziel Kanarische Inseln. Den merke: 14 Tage All -All Inclusive sind günstiger als der Pflegedienst oder ein Pflegeheim. Hierzu einige abschreckende Beispiele:

Es ergab es sich zu einer Zeit, dass ein älterer, sehr gepflegt wirkender Herr Ende Siebzig von seinem Sohn alleine auf die wunderbare Frühlingsinsel geschickt wurde. Jedoch sah er nicht viel davon, denn er hielt sich ausschließlich im Hotel auf. Entweder saß er an der Kaffeebar in der Lobby oder aber er fuhr stundenlang und mit unbekanntem Ziel zwischen dem achten Stock und dem Erdgeschoss im Fahrstuhl. Was er dort suchte, vermochte er nicht zu sagen, das hatte er leider vergessen. Der sehr kultivierte Herr, der, wie sich später herausstellte, mal leitender Ingenieur in der Entwicklungsabteilung eines namhaften Autoherstellers mit dem berühmten Stern auf allen Straßen in der baden--württembergischen Landeshauptstadt gewesen war, sprach fließend Spanisch und Englisch und war in seinen lichten Momenten ein sehr interessanter Gesprächspartner. Allerdings waren diese aufgrund einer fortschreitenden Demenzerkrankung nur noch sehr dünn gesät. Da er auch am Tag der Heimreise wieder einmal vom Hotelpersonal bei einem seiner Fahrstuhlausflüge angetroffen wurde, benachrichtigte man die Reiseleitung um sicherzustellen, dass er auch den Bus zum Flughafen nehmen und den anschließenden Heimflug antreten würde. Sein Koffer war von der umsichtigen Hausdame des 600 Zimmer Hotels mit 'nur' drei Sternen bereits in weiser Voraussicht gepackt worden.

Da am selben Tag und auf demselben Flug auch noch eine weitere, betreuungsbedürftige Dame ihre vorzeitige Abreise antrat, versuche ich jetzt diese beiden Geschichten, wie in der Realität geschehen, miteinander zu verknüpfen und komme gleich auf den älteren Herren zurück, der also nach eigenen Bekunden geschniegelt und gestriegelt artig in seinem Zimmer der Dinge harrte, die da kommen sollten.

Also dann mal ab in ein anderes Hotel, einige Tage zuvor:

Mit Erstaunen stellte das Zimmermädchen im Zimmer einer älteren Dame fest, dass diese einen Einkaufswagen vom naheliegenden Supermarkt mit ins Zimmer gebracht hatte. Die beflissene Reinigungskraft informierte den gelegentlich recht ruppigen, aber durch jahrzehntelange Erfahrung auch sehr umsichtigen Rezeptionschefs des direkt am Strand gelegenen Hotels.

Da die Dame bereits am Tag der Anreise nur mit einem recht verschmutzten Schlüpfer am Allerwertesten und einem viel zu kleinem T -Shirt mit nichts drunter bekleidet zur Verwunderung andere Hotelgäste das Abendbuffet besucht hatte und es in den dazwischen liegenden beiden Tagen auch immer wieder zu kuriosen Situationen unter Mitwirkung der fraglichen Rentnerin gekommen war, entschloss sich der Chefrezeptionist Carlos, die Reiseleitung zu informieren. Die Kollegin, die das Hotel betreute, suchte also das Gespräch mit der Dame auf deren Zimmer, da sie auch auf mehrfache telefonische Bitte nicht in der Lobby erschien. Die Kollegin klopfte also nach wiederum telefonischer Vorankündigung an die Tür und wartete vergeblich darauf, dass die Tür geöffnet wurde. Allerdings hörte sie nach einem kurzen Moment einen herzzerreißenden Schrei. Schnell bat sie telefonisch den Rezeptionschef um sein Erscheinen um die Zimmertür zu öffnen. Nach nochmaligem Klopfen an der Tür und erneuten Hilfe rufen öffnete der Rezeptionist mit seiner Universalkarte die Tür. Die Reiseleiterin und er riefen nach der Dame und fanden sie letztendlich im Badezimmer vor. Sie hatte sich augenscheinlich beim Duschen mit dem zu heiß eingestellten Wasserstrahl leicht verbrüht und saß nun zusammengekauert in der Badewanne.

Aus Rücksichtnahme wagte sich nur die Kollegin vor und legte der Dame ein Badetuch um, und der doch recht schwergewichtigen Frau anschließen mit vereinten Kräften aus der Badewanne zu helfen. Nachdem man sich vergewissert hatte, dass die Verbrühungen doch so schwerwiegend waren, dass ein Arzt herbeigerufen werden musste, informierte meine Kollegin unsere Chef -Reiseleitung. Nach

Rücksprache mit dem Reiseveranstalter in Deutschland, dem glücklicherweise eine deutsche Festnetznummer vorlag, entschloss sich die Chefreiseleiterin dort anzurufen in der Hoffnung einen Angehörigen der Damen zu erreichen.

Und siehe da, Mann hatte Glück. Der Ehemann beantwortete den Anruf und zeigte sich wenig überrascht, dass es wohl einige Schwierigkeiten während des Aufenthalts seiner Gattin gab. Unter Anwesenheit von zwei weiteren Reiseleitern erläuterte die Chefreiseleitung, dass die Rückreise der Ehefrau dringend angeraten sein. Daraufhin sagte der Ehemann wörtlich, dass das wohl doch unser Problem sei, denn schließlich sei die Reise bezahlt und der Aufenthalt sollte wie geplant durchgeführt werden. Mit offenem Mund und den Worten, dass man sich wieder melden würde, beendete die Chefreiseleitung das Gespräch. Mit den zuständigen Stellen beim Reiseveranstalter in Deutschland wurde die folgende Vorgehensweise abgesprochen: Man würde einen umgehenden Heimflug zum nächstgelegenen Flughafen in Deutschland buchen und ein Taxi für die Dame bestellen, das Sie umgehend zur uns bekannten Heimatadresse bringen sollte; darüber sollte der Ehemann nach Möglichkeit per Fax ansonsten telefonisch in Kenntnis gesetzt werden und ihm auch die Rechnung mit den entsprechenden Kosten bereits avisiert werden. Wiederum waren bei dem dann darauffolgenden Gespräch, in dem die entsprechenden Einzelheiten dem Ehemann erläutert werden sollten, zwei weitere

Kollegen anwesend, die ihren Ohren nicht trauten. Man solle es ja nicht wagen, seine Frau nach Hause zu schicken und bezahlen würde er auf keinen Fall noch etwas, das wäre ja wohl das Problem des Reiseveranstalters. Damit beendete er das Gespräch.

Wiederum wurde Deutschland darüber in Kenntnis gesetzt aber man kam überein, dass die Heimreise nun umgehend von der Dame angetreten werden sollte. Alles wurde entsprechend organisiert und der Zufall wollte es, dass diese Dame auf dem gleichen Flug wie der zuvor beschriebene Herr gebucht war. Das stellte sich jedoch erst am nächsten Morgen heraus. Das Taxi für die Damen zum Flughafen war nämlich schon bestellt worden und der Fahrer hatte in weiser Voraussicht wegen der Vorabmitteilung, dass die Dame unter Inkontinenz leiden würde, bereits ein dickes Badehandtuch auf der Rücksitzbank deponiert. Da also noch der Fahrstuhlopa dazwischen kam, entschlossen wir uns kurzerhand, die beiden zusammen zum Flughafen zu bringen und instruierten den Fahrer zunächst am Hotel des älteren Herrn vorbeizukommen, diesen einzuladen und dann weiter zum Hotel der älteren Dame zu fahren, um diese dort abzuholen und beide anschließend am Flughafenschalter abzuliefern. Da mir die Aufgabe zuteil geworden war, den älteren Herren einzusammeln, begab ich mich, nachdem ich mich vergewissert hatte, dass er seinen Ausweis und Geld sicher verstaut in der Brusttasche seines Hemdes hatte, mit ihm und Gepäck in die Hotellobby an die Kaffeebar. Dort wurde er rührig von einer sehr sympathischen Kellnerin begrüßt. Ich entschloss mich, da noch einige Zeit bis zur Ankunft des Taxis zu Verstreichen hatte, den lieben Mann zu einem Kaffee einzuladen. Dieser wurde ihm von der Kellnerin in einem Plastikbecher mit viel kalter Milch serviert. Auf meine fragenden Blicke hin erläuterte die Kellnerin mir, dass 'Gerardo' liebevoll für 'Gerhard' unter Zitterattacken litt und bereits einige Tassen auf dem Boden gelandet waren und ihn zuvor auch beschmutzt hatten.

Der ältere Herr hatte jetzt wieder einen völlig lichten Moment. Also begann ich ein wenig Konversation mit ihm. Ich frage ihn, ob er denn weiß, mit welchem Transportmittel er vom Flughafen nach Hause käme. Das wusste er durchaus. Welche S -Bahn, wo er aussteigen musste, seine Wohnanschrift. Ich bat ihn, dass doch alles mal kurz zu notieren und zu seinem Geld in der Hemdtasche zu stecken, für den Fall, dass er sich plötzlich nicht mehr erinnern kann. Der nette Herr fügte sich diesem Vorschlag, da er zugab, dass er sich schon mal verlaufen hätte.

Leider erfahren wir ja nur in Ausnahmefällen, wie es den Gästen nach ihrer Abreise ergeht. So hoffte ich, dass dieser nette ältere Herr denn gesund und munter in seiner Wohnung eingetroffen ist.

Gewissheit über die Ankunft der vorab beschriebenen Dame bei ihrem treusorgenden Ehemann erlangten wir sogar schriftlich. Nämlich in Form einer Reklamation. Darin beschrieb der zuvor so abweisende Göttergatte, dass er seine Frau spätabends, wie von uns zuvor telefonisch angekündigt, vor seiner Haustür aufgefunden hat, bis auf die Knochen durchnässt, angeblich verängstigt und völlig durch den Wind. Er forderte namens seiner Frau Entschädigung für entgangenen Urlaubsfreuden und Rückerstattung der nicht abgewohnten Reisekosten. Die Rechtsabteilung verschickte unter Hinweis auf die von uns wahrgenommene Fürsorgepflicht und die Verrechnung der anderweitigen Kosten für Flugumbuchung und Transfer bis zum Wohnhaus der Eheleute einen ablehnenden Bescheid. Eine Reaktion darauf erfolgte nicht mehr.

Einmal asiatisch süß −sauer, aber nackig, bitte!

Vor einigen Jahren stand in unserem platzmäßig eher kleinem Büro über Monate hinweg ein großer Reisekoffer. Die eigentliche Eigentümerin des Gepäcks brauchte ihn bzw. den Inhalt eben nicht, denn sie hatte praktische Krankenhauskleidung zur Verfügung. Diese Dame asiatischer Herkunft Anfang 30, von ehemals sehr eleganter Erscheinung, war nämlich in ihrer Unterkunft, einem recht neuen 5-Sterne-Hotel, unangenehm in der Hotelhalle aufgefallen. Diese hatte die Dame nämlich laut schreiend, ein nicht zu ihr gehörendes Kleinkind auf dem Arm, nur in Evas Kostüm gewandet, betreten. Das Rezeptionspersonal schaffte es, der Dame das fremde, leicht verängstigte Kind abzunehmen und den entsetzten Eltern wiederzugeben, denen es quasi aus dem Kinderwagen entwendet worden war. Die Eltern hatten die Entführung beobachtet, konnten aber gar nicht so schnell reagieren, wie die Dame mit Kind verschwand. Da die Dame offensichtlich nicht mehr Herr oder Dame ihrer Sinne war, verzichteten die Eltern auf weitere Diskussionen, da der zwischenzeitlich dazu gerufene Manager versicherte, sich der Dame und ihres unbekannten Problems anzunehmen. Nachdem man der Dame ein Bettlaken umgehangen hatte, versuchten Mitarbeiter des Hotels sie zur Rückkehr in ihr Zimmer zu bewegen -aussichtslos. Also nahm der Manager Kontakt zu unserem Büro auf und ein Kollege machte sich sofort auf den Weg dorthin. Telefonisch kam man überein, über 112 einen Notarzt anzufordern um weitere Gefahren für die Dame selbst, aber auch für unbeteiligte Dritte auszuschließen. Das Hotel hatte den Fall am Telefon so detailliert beschrieben, dass man sofort eine Ambulanz mit entsprechend geschulten Personal schickte. Mein Kollege traf in der Hotelhalle auf die lakenverhüllte Dame. Sie reagierte nicht konkret auf gezielte Ansprache, schluchzte nur vor sich hin und brabbelte in unbekannter Sprache vor sich hin. Glücklicherweise traf kurz darauf auch der Krankenwagen mit Notarzt und zwei kräftigen Sanitätern ein. Da nun wirklich eine Befragung nicht möglich war, verabreichte der Notarzt der Dame eine Beruhigungsspritze.

Mit gutem Zureden und unter Aufbietung aller Überzeugungskraft wurde die Dame dazu bewegt, den Sanitätern zu folgen, jedoch erst, nachdem man ihr, das zuvor um sie gelegte Bettlaken als Sichtschutz nutzend, die von einem fürsorglichen Zimmermädchen aus dem Zimmer der Dame geholte Unterwäsche und einen Jogginganzug angezogen hatte. So wurde die Dame dann erstmal in die geschlossene psychiatrische Abteilung des Inselhospitals verbracht, wo sie während der folgenden Monate bis zu ihrer Entlassung behandelt wurde. Natürlich traf es auch hier einen Kollegen, der den Koffer der Dame packen musste. Da man uns seitens des Krankenhauses beschied, die Dame habe alles was nötig ist und erfahrungsgemäß reiche der Platz im Krankenzimmer nicht für großes Gepäck, verblieb der Koffer im stand -by in unserem Büro. Und das über die folgenden vier Monate. Dann meldete sich das Krankenhaus und gab bekannt, dass die Dame nun den Rückweg nach Deutschland antreten kann und sie das Gepäck benötigte. Also wurde der Koffer ins Krankenhaus gebracht und es ward nie wieder etwas gehört von der Dame.

Wir erfuhren nur so viel, dass sich vor antritt der Urlaubsreise eine Verkettung von Schicksalsschlägen ereignet hatte. So hatte sich der Partner von der erfolgreichen Managerin getrennt, sie hatte eine leitende Position bei einer großen PR Agentur innegehabt, und anscheinend hatte die Asiatin, wie wir erfuhren, stammte sie gebürtig aus Vietnam, im fünften Monat eine Fehlgeburt erlitten. Alles das gipfelte in dem Aussetzer der unbekleideten Kindesentführung. Leider oder zum Glück bekommen wir meistens nur einen kleinen Teil des gesamten Bildes zu sehen. Indessen ist es auch nicht immer einfach, sich auf solche Situationen einzustellen und angemessen zu reagieren.

Ich sch**ß dir vor den Koffer

Eines schönen mittwochmorgens im kühleren Frühjahr auf dem Weg zur ersten Servicezeit in einem großen Hotel erreichte mich der Anruf unseres Büros mit der dringenden Aufforderung ganz schnell die einfache Bungalowanlage anzusteuern, in der es in der vorangegangenen Nacht wohl zu Schwierigkeiten mit einem unserer Gäste gekommen war. Es fielen die Schlagworte 'hackenstramm', 'vor anderem Zimmer an sich rumgespielt', 'aggressiv', um nur die markanten zu nennen. Beim Eintreffen in der Rezeption der Unterkunft begegnete ich der sogenannten Hausdame, Carmen. Naja, Dame war nicht wirklich passend, Hausdrachen oder Haudegen passte aufgrund der resoluten Amtsführung schon besser. Carmen berichtet mir, dass der fragliche Gast zwischenzeitlich frühstückte und sie ihn schon im Griff habe. Aber die Vorfälle der vergangenen Nacht könne man nicht hinnehmen. Der Gast hatte gegen zwei Uhr morgens in den Außenbereichen der Anlage randaliert, sich vor einem fremden Bungalow entblößt und nach Angaben der Bewohnerinnen auch an sich herumgespielt. Außerdem hatte man zwischenzeitlich festgestellt, dass der Wohnraum des Bungalows, in dem der Störenfried logierte, als Toilette benutzt worden war, und zwar für das große Geschäft. Da der Koffer noch im Wohnraum stand, ging mir bei der leider erforderlichen Inspektion der Wohneinheit durch den Kopf`: 'Das nennt man dann wohl vor den Koffer scheißen.'

Die Erläuterungen der Hausdame wurden von einem Anruf aus dem Büro unterbrochen, um mir noch die Flugmöglichkeiten für den gleichen Tag zu nennen. Bedauerlicherweise musste ich jetzt also versuchen, den Gast von der Notwendigkeit seiner sofortigen Abreise zu überzeugen und ihm noch einige hundert Euro für den früheren Heimflug abzuknöpfen. Auch die entsprechende Abmahnung war bereits zur Aushändigung an den Randalierer per Email gekommen.

Also flehte ich Carmen an, mich an den Tisch des Herrn im Restaurant zu begleiten. Es stellte sich dann heraus, dass der nachts zuvor so aggressive Gast bei Carmen handzahm war. Der Mann war eine einschüchternde Erscheinung, über 1,95 Meter groß, ein Kleiderschrank im schweren Ledermantel, wirre lange graumelierte Haare, im Nacken zu einem Teil als Zopf gebunden und ein grobschlächtiges Gesicht mit gerade verkrusteten Schürfwunden, die sich auch an den Knöcheln der rechten Hand wiederfanden.

Carmen setzte sich am Tisch neben Bernhard W., so der Name des Unerwünschten. Er machte mittlerweile einen recht nüchternen Eindruck und er schob sich gerade eine Gabel mit Rührei und Speck in den Mund. Ich nutzte die Ablenkung und stellte mich schnell vor und kam gleich zum Punkt. Nämlich dass sein nächtliches Verhalten und die Zustände im Bungalow nicht hinnehmbar sind und wir ihm dringend empfehlen, unverzüglich die Heimreise anzutreten. Ich war erstaunt, dass er sehr zerknirscht reagierte und etwas murmelte wie 'da hab ich wohl über die Stränge geschlagen'. Ich bestätigte seine Annahme, um gleich die Abmahnung auf den Tisch zu legen, in der seine Missetaten zur Begründung der Störung des Reisevertrages aufgeführt waren. Er unterschrieb ohne Diskussion und bestätigte somit den Empfang. Ich setzte nach, dass wir auch bereits einen Flug für ihn hätten und er in Stundenfrist zum Flughafen fahren könne, wenn er noch die 280 Euro für die neue Rückreise bezahlte.

Er grunzte „Ganz schön teuer" was ich mit „Die Reinigungskosten für den Bungalow und die Reparatur der durch ihre Fäuste verursachten Schäden an diversen Fensterläden der Anlage verrechnen wir dann mit den nicht verbrauchten Übernachtungen." beantwortete. Er zog ein fettes Bündel Geldscheine aus der Hosentasche und legte den geforderten Betrag auf den Tisch und gab Carmen einen fünfzig Euro Schein 'für das Personal'. Ich forderte ihn auf, dann mal seine Sachen zu packen und in nunmehr nur noch fünfzig Minuten abreisefertig zu sein. Carmen nickte nach Übersetzung und machte sich mit ihm auf den Weg zum Bungalow. Er nannte sie liebevoll Mamacita und folgte ihr lammfromm. Ich bestätigte dem Büro, dass Herr W. den Rückflug antreten würde und ich das Ticket für ihn benötigte. Auch das kam per Email und zur vereinbarten Zeit stand dann auch der Bus vor der Tür.

Ebenso kam Carmen, trotz stark sonnengebräunter Haut wegen des Gestanks im Bungalow ein wenig bleich, mit Bernhard W. im Gefolge, zur Rezeption. Sie hatte ihn aufgefordert, Koffer und lose Bekleidung auf die Terrasse des Bungalows zu bringen und hatte ihm dort den Koffer gepackt. Der Busfahrer wurde instruiert darauf achtzugeben, dass der Gast nicht unterwegs an einem anderen Hotel ausstieg und sicherzustellen, dass er zum Check in ging. Ich begleitete Herrn W. In den Bus. Im geschlossenen Raum konnte ich deutlich den ihn umwabernden Geruch feststellen, die bereits im Bus sitzenden erlauchten Gäste leider ebenfalls, was zu gerümpften Nasen und entsetzten Blicken führte. Ich platzierte Herrn W. in der letzten Sitzreihe und vergewisserte mich, dass der Bus nicht vollbesetzt zum Flughafen fuhr. Zum Glück spuckte ihn der Flughafen nur zur Startbahn wieder aus, aber einige Tage später rächte sich auch dies: Die in Scheidung lebende Ehefrau rief in unserem Büro an. Es wäre ja unverantwortlich, dass wir ihren Mann, ach nein, Ex-Mann, hilf-und mittellos wieder nach Hause geschickt hätten. Ich staunte. Wegen Mittellos. Physische Hilfe schien dieser wandelnde Kleiderschrank nicht zu benötigen, eher Betreuung psychischer Natur. Ich teilte der Dame mit, dass ich nicht mit ihr als für mich unbeteiligte Dritte über die Beendigung des Vertragsverhältnisses mit ihrem 'was auch immer er nun ist' -Mann zu diskutieren gedachte, er sich aber gerne schriftlich an den deutschen Reiseveranstalter wenden könne. Nein, das ginge ja nicht, da ihr whatever -Mann ja direkt in die Psychiatrie gegangen sei. Ich versicherte der Dame meine Begeisterung über diese sicherlich weise Entscheidung und bat sie, sich nicht mehr bei uns zu melden und wünschte ihr einen guten Tag.

Es ist angerichtet

Für sehr viele Urlauber ist die Verpflegung im Urlaub ein sehr wichtiges Kriterium, dass nach besten Möglichkeiten so gut es geht erfüllt werden will. Denn ist das Essen im Urlaub minderwertig, geschmacklos zubereitet oder auch nur in mangelnder Vielfalt vorhanden, ist für manch Touristen der Urlaub schon gescheitert. Das ist verständlich, denn Essen hält bekanntermaßen Körper und Geist zusammen. Daher bin ich recht zufrieden, dass die Ansprüche der überwältigenden Mehrheit der deutschen Urlaubsgäste durchweg durch die in den Urlaubshotels angebotenen Qualität der Speisen und Getränke erfüllt werden.

Zugegebenermaßen gehöre ich zu denjenigen, die regelmäßig selber keine klassische Pauschalreisen unternehmen. Zum einen, weil die von mir bevorzugten Reiseziele das nur selten zulassen. Zum anderen, weil ich es extrem nervig finde, mich an Buffets zu bedienen oder an irgendwelchen zeitlichen Vorgaben zu halten wie im Arbeitsalltag. Aber das sind sehr individuelle Vorlieben, die nicht jeder teilt. Daher war ich nach meinen durchweg negativen Erfahrungen in Bezug auf Hotelverpflegung als Heranwachsender auf Mallorca bei meinem Start als Reiseleitung durchweg überrascht, dass das Verpflegungsangebot und dessen Qualität auf den kanarischen Inseln für sehr wenige Reklamationen sorgt.

Das ist für den Urlauber umso angenehmer, als das eben ein wichtiger Punkt keinen Anlass zu Kummer und zu Reklamationen gibt. Denn der deutsche Urlauber freut sich, wenn morgens ein reichhaltiges und abwechslungsreiches Buffet mit allen möglichen Leckereien aufwartet und man Auswahl satthat. Nur selten geben insbesondere die Frühstücksbuffets Grund zur Klage und meistens sind bedauerlich aber nicht zu heilende Diskrepanzen zwischen der Erwartungshaltung des Gastes und dem Angebot des Hotels. Mir steht es nicht zu, die Gewohnheiten und Vorlieben der Urlaubsgäste zu beurteilen, jedoch lassen sich die meisten Reklamationen bezüglich des Frühstücks auf abgehobene Erwartungen und teilweise unverschämte Ansprüche der Gäste zurückführen. Dabei geht es selbstredend nicht um die allgemeine Qualität, die Präsentation und Sauberkeit des Buffets oder um die Auswahl der angeboten Speisen. Reklamationen wegen aus verarbeiteten und im Tetrapack erhältlichen Eierzubereitung hergestellten Rühreiern, Billig-Schinken, Analogkäse und wässrigem Kaffee und nur einer Joghurt-Sorte gehören zu den wenigen Kritikpunkten, die es in noch weniger Ferienanlagen gibt.

So bemängelte ein 5-Sterne -Hotelgast, dass die Frühstückseier aus Käfighaltung stammten. Ich sah mich genötigt, ihm zu entgegnen, dass für Freilandhaltung nicht ausreichend Platz auf unserem Eiland vorhanden ist, es sei denn, er wolle außer am Strand überall auf Federvieh treffen oder per Schiff vom Festland importierte, nicht mehr ganz so legefrische Eier essen. In keinem, wirklich keinem der etablierten und für Pauschaltouristen zur Verfügung stehenden Hotels werden Boden - oder Freilandeier angeboten. Die gibt es höchstens in kleinen Landgasthöfen oder in einigen Bed and Breakfast Unterkünften.

Gegen alles allergisch

So war es einer Kundin, die angeblich unter Zöliakie (Glutenunverträglichkeit) leidet, nicht zu vermitteln, dass es zum einen bereits ein großes Entgegenkommen des Hotels war, trotz nicht erfolgter Anfrage oder Information im Vorfeld, eine kleine Auswahl an glutenfreien Brotsorten anzubieten und zum anderen auch noch den Wunsch nach einer speziellen Brotart zu erfüllen, obwohl seitens des Hotels dazu keine Verpflichtung bestand. Denn die Dame bemängelte, dass die angebotenen Backwaren nicht schmeckten. Nun lässt sich bekanntermaßen über Geschmack trefflich streiten. Daher fing ich erst gar keine Diskussion an, sondern empfahl der Dame, sich doch dann mit von ihr ausgewählten

Getreideerzeugnissen selbst zu versorgen. Dies geschah nach kurzer Absprache mit den Verantwortlichen des Hotels, die kurzerhand entschieden, nicht weiter auf die Sonderwünsche der Kundin einzugehen. Denn das Hotel hatte nicht übliche Großhandelsware eingekauft, sondern wurde täglich nur für diese Kundin von einem deutschstämmigen Dinkelbäcker beliefert, der sich eben auf die Herstellung von allergenfreien Backwaren spezialisiert hat. Also lud ich die Dame ein, sich künftig aus dem Standardangebot des Buffets zu bedienen, da das Hotel die Folgebestellung beim nicht gerade günstigen Lieferanten wieder storniert hatte. Ähnliches passierte mir mit einem Gast in einem anderen Hotel, der es ebenfalls versäumt hatte, über sein Reisebüro seine Laktoseintoleranz kundzutun. Nun sind solche Informationen keine verpflichtenden Angaben, aber wenn erwartet wird, das entsprechende Nahrungsmittel wie Milch, Joghurt etc. in laktosefreier Form angeboten werden, sollte dies auch mitgeteilt werden. Nach einem Gespräch mit dem Food & Beverage Manager, also dem Speisen & Getränke Boss, versicherte dieser mir, dass ab dem nächsten Tag sowohl Milch als auch eine kleine Auswahl an Joghurts laktosefrei und kostenlos für den Gast bereitstehen würden. Auch besondere Wünsche, Naturjoghurt oder mit Fruchtzubereitung, konnten berücksichtigt werden, sofern der Gast dies entsprechend verlangte. Die größeren Hotels haben sich schon auf die eingebildeten Kranken eingestellt und bieten laktose-und glutenfreie Lebensmittel in einer Spezialecke mit koffeinfreiem Kaffee und Diätmarmelade an. Außerdem sind die Vorschriften bezüglich der Kennzeichnung von Allergenen von den Hotels und Restaurants sehr effektiv umgesetzt worden, so dass in jeder Dorfkneipe ein Hefter oder Aushang mit den jeweiligen Speisen etc. und ihren Inhaltsstoffen zur Einsicht der Gäste zur Verfügung steht. Obwohl laut offiziellen Statistiken der Anteil der Menschen mit Laktose-(15%) und Glutenunverträglichkeit (0,4%) in Deutschland vergleichbar niedrig liegt, wird man das Gefühl nicht los, das die angebliche Notwendigkeit einer allergenfreien Ernährung bei einer stetig ansteigenden Anzahl von Gästen nicht wirklich durch entsprechende medizinische Diagnosen zu rechtfertigen wäre.

Und wie so oft im Leben gibt es solche und solche. Zum einen diejenigen, die wahrscheinlich keinen wirklichen Grund haben, eine Spezialdiät einzuhalten, aber trotzdem uneingeschränktes Verständnis und Rücksichtnahme wegen ihrer vermeintlichen Einschränkung erwarten. Und zum anderen zeigt sich, dass sehr oft die wirklich stark betroffenen und eingeschränkten Menschen, sei es wegen einer physischen Einschränkung wie Fesselung an den Rollstuhl, Gehörlosigkeit, Sehbehinderung mit sehr viel Umsicht und einer realen Einschätzung ihrer Situation und den verwirklichbaren Ansprüchen an die Urlaubsunterkunft an die Urlaubsplanung und

Durchführung herangehen. Hier gibt es nur selten und wenn dann auch tatsächlich berechtigte Reklamationen.

Gäste mit besonderen Ansprüchen

Auch Vegetarier und Veganer haben es an den Hotelbuffets nicht immer leicht. Es hat lange gedauert, bis zumindest einige Hotelküchen Saucen oder Fleischzubereitungen zur Kombination mit Kartoffeln, Reis oder Pasta oder Gemüse separat bereit stellen, sodass auch diese Gäste sich am Gemüse und den Beilagen tierfrei bedienen können. Und im Zweifelsfall sind Pommes frites mit Ketchup auch vegan!

Aber auch Leistungs-und Freizeitsportler, die sich für erstere halten und entsprechend eine kohlenhydratreiche und fettarme Kost zur Steigerung des Trainingerfolges einhalten, finden gelegentlich Grund zur Beschwerde. Beide Gruppen interessiert es erfahrungsgemäß wenig, dass die Küchen der meisten Hotels einen ausgewogenen Speiseplan mit Mischkost befolgen, der der Mehrheit oder auch dem durchschnittlich anreisenden Urlauber zufrieden stellt. So reklamierte denn auch der kommende Jan Ulrich, dass die Auswahl an kohlenhydratreichen Speisen nicht seine Ernährungsgewohnheiten befriedigte. Er reklamierte dies, nachdem sein ebenfalls nicht für den Transfer angemeldeter Drahtesel ihm mit einigen Stunden Verzögerung ins Hotel geliefert wurde. Er bemängelte, dass er an diesem Nachmittag noch nicht hatte trainieren können, da wir sein Fahrrad nicht mit ihm zusammen hatten transportieren können, da der Kleinbus, der für den fraglichen Gast und die weiteren Gäste des gleichen Fluges vorgesehen war, keinen Platz für den Transportkarton hatte. Mein Kollege am Flughafen hatte dem Gast angeboten, auf einen späteren Transfer mit einem größerem Fahrzeug zu warten, dass einen ausreichend großen und verfügbaren Gepäckraum hatte. Der Kunde wollte nicht warten, war zudem noch erbost, dass er ein paar Euro für den Transport des Rades zu zahlen hatte und man vereinbarte, das Rad auf einem der folgenden Transfere ins Hotel zu bringen. Allerdings hatte das dem Gast bereits zu lange gedauert, wie er mir jetzt am Notruftelefon zusammen mit dem Vorwurf, wir würden ihn verhungern lassen, um die Ohren schlug. Mit der größten Ruhe, die ich angesichts solch abwegiger Vorwürfe aufbringen konnte, bat ich den Gast, am darauffolgenden Tag meine Kollegin in ihrer Servicezeit aufzusuchen, damit er seine Mängelanzeige bei ihr los werden konnte und etwas in der Hand hatte. Mir war bereits zu diesem Zeitpunkt klar, dass jegliche Reklamation wegen der Punkte „später Transfer des nicht angemeldeten Rades" und „mangelhafte Verpflegung" nicht zum Erfolg für den Gast führen würde. Trotzdem wollte ich der Kollegin die Möglichkeit geben, dem Gast den Austritt aus der Halbpension anzubieten und ihm zu verdeutlichen, dass wir den kostenpflichtigen Transport für den Rücktransfer nun vorgemerkt hätten, er aber bei der nächsten Anreise nicht nur das

Rad für den Flugtransport anmelden solle, sondern auch den Reiseveranstalter in Kenntnis setzen solle. Natürlich wandte der Gast ein, dass er zur Servicezeit meiner Kollegin nicht im Hotel sein würde. Kein Problem, sofern er reklamieren wolle, solle er es entsprechend einrichten oder der Reiseleitung in der darauffolgenden Servicezeit seine geschätzte Aufwartung machen. Schließlich gab es am Folgetag ein persönliches Gespräch mit dem Kunden, und die Kollegin erreichte tatsächlich, dass die Küche dem Herrn im täglichen Wechsel einfachen gekochten Reis, Nudeln ohne alles und Kartoffeln in rauer Menge separat zubereiten würde. Allerdings ist soviel Entgegenkommen in durchorganisierten Hotels nicht selbstverständlich.

Manche mögen es heiß

Weitere Reklamationsursachen bei der Verpflegung sind die Serviertemperaturen, die manchem deutschen Gaumen zu niedrig sind oder die zu internationale Ausrichtung der Buffets. Mir erklärt es sich ehrlich gesagt auch nicht, warum die Themenabende mancher Buffets die mexikanische oder chinesische Küche aufgreifen. Aus meiner Sicht würden Themenbuffets mit typischen Gerichten aus den spanischen Regionen wesentlich besser ankommen. Sei´s drum! Da bin ich immer froh, dass ich bei den meisten Hotels weiß, wann der kanarische Themenabend ist, um die Gäste entsprechend darauf hinweisen zu können.

All -Inclusive

Indessen sollte man sich nicht über die Wertigkeit des Buffets wundern, wenn der All -Inclusive-Aufpreis, basierend auf nur Übernachtung, also ganz ohne Verpflegung, gerade einmal unter 20 Euro pro Person und Tag beträgt. Da wird sehr gerne Frittiertes fritiert aufgetischt, die Salate dienen nur der Resteverwertung des Frühstücksbuffets und dem des Vorabends und ansonsten findet man überwiegend billigste Sattmacher auf dem Buffet und die Qualität der ausgeschenkten Cocktails hängt stark von den Einstellungsoptionen des All -in -One Cocktailausgabeautomaten ab. Denn Qualität sollte man realistischerweise neben Masse nicht erwarten.

So musste ich auch in einer beim britischen Publikum sehr beliebten All-Inclusive-Bungalowanlage der unteren Preisklasse einmal zur abendlichen Verkostung der Cocktail -Leckereien schreiten. Ein Gast hatte moniert, dass das Tonic Wasser nicht nach Tonic schmeckte und das die Cocktails ansonsten alle gleich schmeckten. Da niemand von mir in der Arbeitszeit Alkoholkonsum verlangen würde, machte ich mich also eigenverantwortlich an die Geschmacksproben der Mischgetränke. Das Tonic Wasser hatte tatsächlich sehr wenig Bittergeschmack, kam aber trotzdem bei den an der Bar sitzenden Briten in Kombination mit dem Gin (Hausmarke zu 5 Euro der Hektoliter) sehr gut an, auch die anderen Cocktails schmeckten zwar sehr süß und nach billigen Fusel, aber süffig. Jedenfalls konnte der Barkeeper sich nicht über mangelnde Nachfrage beschweren. Den sich beschwerenden Gästen konnte ich nur entgegenhalten, dass laut Katalog nur nationale alkoholische Getränke zur Auswahl standen, und die angebotenen Getränke eben schmecken wie sie schmecken und diese dennoch auf große Zustimmung bei den Urlaubern insgesamt treffen. Da der Gast wiederholt bekräftigte, wie sehr ihm an guten und gediegen servierte Getränken gelegen ist, bot ich ihm am nächsten Tag noch einen Umzug in ein Vier-Sterne-Hotel an, dass nur für den Aufpreis von der Halbpension zum All-Inclusive bereits 28 Euro berechnete und dessen Getränke tatsächlich kunsthandwerklich von Bartendern zubereitet wurden und bei dem auch die offenen Weine von ausgezeichneter Qualität waren. Allerdings waren dem Gast seine Getränke doch nicht den nicht wegzudiskutierenden Aufpreis von 1.500 Euro für die restlichen 10 Tage wert.

Für Familien, die die überwiegende Urlaubszeit im Ferienhotel verbringen und deren Kinder gerne zwischendurch etwas trinken oder ein Eis schlecken, oder deren Oberhäupter die Ferien mit dem Nachwuchs nur unter schamloser Ausnutzung des Angebotes alkoholischer Getränke ertragen können, kann ein All-Inclusive-Angebot tatsächlich vorteilhaft sein. Für den Urlaubsgast, der eher außerhalb des Hotels am Strand unterwegs ist, lohnt sich All-Inclusive meistens nicht. Außerdem unterstützen Sie die örtliche Wirtschaft, wenn Sie auswärts essen und auch mal einen Cocktail trinken.

Denn die Gaststätten und Restaurants in den Urlaubsgebieten stehen in einem für den Gast durchaus nützlichen Wettbewerb, der für annehmbare Preise bei guter Service-und Speisenqualität sorgt. Gönnen Sie sich etwas Gutes!

Urlauber, die üblicherweise ihre Aufenthalte in Ägypten, der Türkei oder der Karibik verbringen und die dortigen All-Inclusive Angebote gewohnt sind, erleben auf den kanarischen Inseln eine Überraschung. Denn in aller Regel sind die AI Leistungen in Mitgliedsländern der EU deutlich schlanker und teurer, denn die Einkaufspreise für Lebensmittel und Getränke liegen, genauso wie die Personalkosten, auch für den Laien nachvollziehbar über dem Niveau der vorgenannten nicht EU-Länder. Daher ist auf den Kanaren nur selten die gefüllte und sich wieder von der Zauberhand des Camarero de Piso (der „Etagenkellner") füllende Minibar im All-Inclusive enthalten. Den Witz schlechthin musste ich vor einigen Jahren als ernstgemeinte Erfüllung des All-Inclusive Programms gegenüber den ziemlich enttäuschten Gästen einer Bungalowanlage verteidigen, denn im Veranstalterkatalog waren unter All-Inclusive-Leistungen auch täglich Nachmittags Kaffee- und Kuchen sowie Snacks ausgeschrieben. Der ziemlich klamme Betreiber der Anlage hielt es für ausreichend ein paar in Zellophan eingepackte Magdalenas aus industrieller Herstellung unter einer Käseglocke auf der Theke der Bar sowie eine Kaffeekanne mit Pumpe für die Kaffeezeit zur Verfügung zu stellen, andere zwischen den Mahlzeiten angebotene Snacks bestanden aus meist vertrockneten Schinken -Käse - Sandwiches ohne Rinde, die ebenso lieblos wie die Magdalenas ein zurückgewiesenes Dasein auf der Bartheke fristeten, bis sich besser spät als nie ein Angestellter erbarmte und die übriggebliebenen Sandwiches entsorgte, bevor der auf äußerste Sparsamkeit bedachte Betreiber auf die Idee kam, diese noch am nächsten oder gar übernächsten Tag aufzutischen oder in den „Vesperpaketen" zu verwursten, die sehr früh abreisenden Gästen als Wegzehrung für die anstrengende Rückreise kostenfrei als Mahlzeitersatz für das verpasste letzte Frühstück im Ferienort mitnehmen konnten.

Es dauerte lange, meinem Geschmack nach viel zu lange, bis man endlich die erforderliche Konsequenz zog und diese Bungalowanlage endgültig aus dem Angebot verbannt wurde, in das sie besser niemals aufgenommen worden wäre.

Immer noch kursieren in vielen Ferienorten weltweit Gerüchte, nachdem es tatsächlich Urlaubsgäste gegeben haben soll, die der Annahme waren, dass alles was so an Ausgaben im Feriengebiet anfallen könnte auch im All -Inclusive -Angebot enthalten ist. So wurde angeblich Taxifahrern, Liegenwärtern oder Restaurantbesitzern das AI - Armband entgegengehalten, als man den Gästen die Rechnung vorlegte. Ich kann mir das schon vorstellen, jedoch verwundert mich nach wie vor der Weg der wirren Gedanken, die durch die Köpfe dieser Menschen irren.

Ruf doch mal an....

Bereits des Öfteren haben Sie in den vorangegangenen Kapiteln den Begriff 'Notruftelefon' gelesen. Dabei handelt es sich um eine spezielle Telefonnummer, unter der die Gäste eines Reiseveranstalters außerhalb der Öffnungszeiten des Büros der Reiseleitung in dringenden Notfällen die Reiseleitung erreichen können. Diese Telefonnummer ist in allen Informationsschriften angegeben. Allerdings gehen die Ansichten darüber, was ein dringender Notfall ist, zwischen Reisenden und der Reiseleitung weit auseinander.

An Anrufe wegen im Transferbus vergessener Gegenstände haben wir uns bereits gewöhnt und ersparen uns die vergebliche Mühe, den Kunden begreiflich zu machen, dass der Grund für einen Anruf auf unserer Notfallnummer nun nicht gerade als 'dringende Notsituation' anzusehen ist. Bei den Begrüßungsveranstaltungen der Reiseleitung werden entsprechende Beispiele gegeben.

Ich lasse mich scheiden

Eines meiner Lieblingsbeispiele hat sich aber auch tatsächlich zugetragen: Ein Paar hatte wohl zu nachtschlafender Zeit eine heftige Auseinandersetzung, in der Folge verlangte die Dame telefonisch bei mir, dem in dieser Nacht auserkorenen Unglücksraben, nach Unterbringung in einem Einzelzimmer, alternativ nach sofortigem Rückflug. Ich erläuterte der Dame, dass um 3.15 Uhr morgens weder das eine noch das andere funktioniere. Auf die Frage, wie sie denn nun die Nacht verbringen sollte, schlug ich der Dame vor es mit einer Beilegung des Streits zu versuchen oder aber die Couch in der Lobby des Hotels, alternativ auch gerne eine der nachts kostenlosen Liegen am Strand als Nachtlager zu nutzen. Ich versäumte es auch nicht, die Dame darauf hinzuweisen, dass sie doch bitte von weiteren Anrufen auf dieser Nummer aus dem gleichen Grund absehen sollte, sie sich aber gerne ab 9:00 Uhr mit unserem Büro in Verbindung setzen könne um zu sehen, was wir bezüglich Einzelzimmer oder früherem Rückflug für sie tun könnten. Die Dame zeigte sich sehr beratungsresistent was ihre nächtlichen Anrufe auf unserer Notrufnummer angeht. Denn um 5:15 Uhr rief diese Dame erneut an, um freudig mitzuteilen, dass man sich wieder vertragen hätte.

Hier gibt's sonst keine Nummer

Aber nicht nur Gäste meines Arbeitgebers nutzen unsere Notfallnummer. In Ermangelung anderer Telefonnummern wählte ein Reisender unsere Nummer, da in der von ihm gebuchten Ferienanlage die Rezeption um 1 Uhr morgens nicht besetzt war. Ich versuchte ebenfalls telefonisch jemanden aufzutreiben, der sich des Herren annehmen wollte leider ohne Erfolg. Nun sind die Nachforschungsmöglichkeiten zu nachtschlafender

Zeit begrenzt und ich konnte die vermeintliche Buchung nicht überprüfen. Also besorgte ich den Gästen ein Nachtlager in einer unserer Garantiehotels.

Am nächsten Tag stellte sich jedoch heraus, dass die Gäste die Reise bei einem Mitbewerber gebucht hatten, also meinerseits überhaupt keine Zuständigkeit bestand und sich die Gäste nur 'bequemlichkeitshalber' an uns gewendet hatten, weil sie keine andere Rufnummer gefunden hatten. Ich ließ es mir nicht nehmen, die Gäste erneut anzurufen und ihnen ihr inakzeptables Verhalten klarzumachen. Allerdings ließ ich mir hierzu Zeit bis zum übernächsten Tag, genauer gesagt bis zum Beginn meiner Frühschicht am Flughafen um 5.30 Uhr, sodass nun auf der anderen Seite der Verbindung jemand aus dem Schlaf gerissen wurde und meine Zurechtweisung kleinlaut über sich ergehen ließ.

Wie man in den Wald hinein ruft...

... so schallt es heraus. Dass dem so ist, das haben schon einige Urlauber zu spüren bekommen. Zwar ist der Kunde bei mir König, allerdings vernünftigerweise nur im Hinblick auf seine möglichen Anforderung an die Erbringung der gebuchten Leistungen. Das bedeutet nicht, dass der Kunde immer Recht hätte oder das spezielle Recht, die Reiseleitung nach Belieben anzupöbeln oder niederzumachen. Allerdings bringen nicht alle Reisenden dieses Feingefühl auf, wie in vielen Lebensbereichen ist auch eine Verrohung der

Umgangsformen zu verzeichnen. So habe ich es mir angewöhnt, ausfallende Bemerkungen zur Unterkunft (Schweinestall, Asi -Bude, „auf Hartz IV Niveau", „Flüchtlinge leben besser", Scheiß -, oder Drecksloch) nicht so stehenzulassen und den Gast aufzufordern, sich einer anderen, der Realität angemesseneren Ausdrucksweise ohne Kraftwörter zu bemächtigen. Dem Gast, der seine –wie sich später herausstellte- einwandfreie Unterkunft als Schweinestall bezeichnete, bot ich noch am Telefon an, Vertreter einer Tierschutzorganisation mitzubringen, damit die sich am Anblick eines 3-Sterne-Schweinestalls erfreuen konnten. Da diesem Herrn einfach nur die Lage nicht gefiel, hatte er auf diese Art und Weise versucht, eine andere Unterkunft zu erhalten. Die bot ich ihn an, natürlich in erster Strandlage und mit einem der Lage entsprechenden Aufpreis. Bei persönlichen Anfeindungen beende ich Telefonate mit dem Hinweis, sich wieder zu melden, wenn man sich wie ein normaler Mensch ausdrückt. Meistens beruhigen sich diese Gäste nach kurzer Zeit und selbstverständlich hat die Reiseleitung schon weitergearbeitet und eine Lösung des Problems auf Lager.

Hilfe – Klein –Justin erfriert

Sehr interessant war auch der Anruf eines Gastes auf unserer Notrufnummer an einem zugegebenermaßen frischen Dezemberabend. Außentemperatur ca. 15 Grad. Der Gast beklagte sich, dass die Klimaanlage nicht heizt und deswegen Klein -Justin, der zweijährige Spross der Familie, kurz vor dem Erfrierungstod steht. Bei einer Raumtemperatur von 21 Grad.

Ebenso wie die bereits verständigte Rezeption, bot ich dem Vater an, weitere Decken zur Verfügung zu stellen oder aber einen Heizlüfter anzumieten, auf Kosten der Gäste natürlich, was jedoch zur bereits später Abendstunde auch nicht mehr möglich sein dürfte. Ich hörte mir also an, dass es ja ein Skandal sei, dass ein 5 -Sterne-Hotel keine Heizung hätte. Ich erklärte dem Mann, dass keines der anderen 5 - Sterne-Häuser, nicht einmal das 5 -Sterne-Superior Hotel mit dem dreifachen Zimmerpreis seiner Unterkunft, eine Heizung zu bieten habe, da dies aufgrund der niemals unter 12 Grad Celsius fallenden Außentemperaturen, wohlgemerkt dies auch nur in extrem kalten Nächten, nicht vorgesehen oder gar erforderlich wäre. Auch beruhigte ich ihn, dass noch kein Kind im Inneren eines Gebäudes den Kältetod gestorben sei.

Ich riet ihm also, Klein Justin vielleicht mal warm zu kuscheln und im Übrigen darauf zu vertrauen, dass der kleine über mehr Nehmerqualitäten verfügt als ihm die verweichlichten Walldorfeltern zutrauen. Natürlich war eine Reklamation wegen der fehlenden Heizung und Kompetenz der Reiseleitung die Folge, die wegen bloßer Qualifizierung als Unannehmlichkeiten abgewiesen wurde.

Das Bild ist hässlich

Ein anderer Gast verlangte tatsächlich nach einer anderen Unterkunft, weil ihm das Bild, ein recht neutraler abstrakter Massendruckartikel vom China - Importladen, nicht gefiel. Nein, abhängen oder zum Beispiel ein Stück Stoff drüber hängen war keine akzeptable Lösung für den kunstverständigen Gast der 1 -Sterne -Kategorie. Ich verwies ihn auf die Internetseite mit allen angebotenen Unterkünften, damit er sich selbst aufgrund der Fotos dort entscheiden könnte, denn ich machte ihm unmissverständlich klar, dass ich keine Haftung für irgendwelche Vorschläge meinerseits übernehme und daher auch keine unterbreiten werde. Ob der Gast schließlich die Unsinnigkeit seines Begehrens eingesehen hat, ist unbekannt, jedenfalls ward nie mehr etwas von ihm gehört.

Im Urlaubsrausch

Eines wunderschönen Tages meldete sich die Rezeption einer kleinen Bungalowanlage auf unserer Notrufnummer, um mitzuteilen, dass ein Gast trotz heftigster Bemühungen seitens des ebenfalls unter Dauerstrom stehenden Rezeptionistens nicht aus dem Suff zu erwecken gewesen sei und er wohl seine Busabholung und somit auch seinen Heimflug verpasst habe. Da am selben Tag kein anderer Flug nach Deutschland ging, stand nun eine unvorhergesehene Aufenthaltsverlängerung und die Buchung eines neuen Rückfluges an. Da der Gast weitestgehend nicht ansprechbar geschweige denn auskunftsfähig war, schauten wir auch ohne seine Mitwirkung nach entsprechenden Möglichkeiten.

Die Rezeption wurde angewiesen, sämtlichen noch vorhandenen Alkoholreste aus dem Bungalow des Gastes zu entfernen und den Barkeeper der Poolbar zu untersagen, alkoholische Getränke an den Gast auszuschenken. Sobald der Herr den Anschein erweckte, halbwegs zurück im Leben zu sein, würde ein Reiseleiter den Gast aufsuchen. Einige Stunden später erhielten wir den Anruf.

Derweil ich Bürodienst und Notrufhabender war, machte ich mich auf den Weg. Ich erwartete vorurteilsbeladen einen abgehalfterten Besoffski, war aber umso überraschter einen zwar stark verkaterten, aber sehr gepflegten, biederen Herren mittleren Alters anzutreffen. Ich erläuterte ihm also Kosten der Verlängerungsnacht und des neuen Fluges für den Folgetag und wartete auf sein Einverständnis.

Da er sein Bargeld komplett in hochprozentigen Flüssigkeiten angelegt hatte, blieb nur noch die Zahlung mit Debitkarte. Ihm blieben nur noch wenige Euro in bar, die ich bat, nicht an der Poolbar zu vertrinken oder im Supermarkt für Spirituosen auszugeben, da wir uns bei neuerlichen Verpassen des Rückfluges nicht mehr um ihn kümmern würden. Allerdings gab es Schwierigkeiten beim Bezahlvorgang.

Dem Herrn zitterten dermaßen die Hände, dass er unfähig war die Geheimzahl in das mobile Kartenterminal einzugeben. Auch

Synchronisierungsversuche meinerseits mit der Zitterfrequenz seiner Hand führten nicht zum Erfolg. Er konnte einfach nicht die Tasten treffen. Also blieb mir keine andere Wahl, als ihn um die Nennung seiner PIN zu bitten.

Er stotterte sie mir vor und schließlich spuckte das Gerät den Bezahlbeleg aus. Ich übergab ihm noch Rechnung und Flugticket und teilte sowohl ihm als auch der Rezeption die Abholzeit für den nächsten Morgen mit, ihm zur Sicherheit auch noch schriftlich, nicht ohne Ermahnung, sich bis dahin nicht wieder ins Koma zu trinken. Ihm war das sichtlich peinlich, aber anscheinend nicht unbedingt nachhaltig wirksam.

Denn nachdem er sich aus dem Rezeptionsraum zurückgezogen hatte, sah ich ihn direkt auf die Poolbar zusteuern, an der er, noch bevor ich meinerseits die Anlage verlassen konnte, ein Glas Wodka (es war definitiv kein Wasser) zum Munde führte, dies ohne sichtliches Zittern, das ein Verschütten der kostbaren Flüssigkeit verursacht hätte. Zu seiner Ehrenrettung sei gesagt, dass er tatsächlich sowohl Transfer als auch Rückflug am nächsten Tag erwischte.

Bei anderer Gelegenheit rief an einem Samstag auf unserer Notrufnummer der Rezeptionist einer anderen Apartmentanlage an und erklärte zunächst auf Spanisch, dass die augenscheinlich im Dauerzustand der Alkoholisierung stehende, ca. 50-jährigen Tochter ihres wohl demenzkranken Vaters selbigen seit dem Vortag vermisste. Außerdem hätten

Einbrecher 1500€ aus ihrem Portemonnaie entwendet, dass sie während ihres Besäufnis im Kulturbeutel im Badezimmer aufbewahrt hatte.

Sie führte ordentlich Buch und hatte vor dem Entkorken der ersten Pulle Rotweins (oder Aufschneiden des ersten Tetrapacks) noch die 50 € der Rechnung des Einkaufs vom Vorbestand abgezogen. Da sie wohl aber zwischenzeitlich so heftig betrunken war, dass sie das Verschwinden weder zeitlich noch räumlich eingrenzen konnte, hatte der Rezeptionist zwischenzeitlich durch Befragung von als äußerst aufmerksam verschriene Stammgästen (man könnte auch sagen, extrem neugierige Mitmenschen, die jede noch so kleine Regung anderer Gäste lückenlos registrieren) erfahren, dass diese in der Mittagszeit den für die hiesigen Temperaturen viel zu warm bekleideten alten Herrn beim Verlassen des Grundstückes beobachtet hatten. Nun war der Tochter wieder eingefallen, dass ihr alter Herr völlig hilflos und ohne Orientierung und natürlich auch ohne Ausweispapiere irgendwo durch die Weltgeschichte geistern würde und verlangte nach sofortiger Hilfe durch die für alles verantwortliche Reiseleitung.

Durch die Erläuterungen der Rezeption geimpft holte ich also tief Luft. Ich war gerade im Supermarkt und erledigte zwischen Wursttheke und Kühlregal meine Einkäufe. Da die im Einkaufswagen befindliche Eiscreme schon bedrohlich angetaut war, hatte ich dementsprechend wenig Geduld und noch weniger Zeit um mich genau in diesem Moment um den entlaufenen Rentner kümmern zu wollen.

Das ging auch noch dreißig Minuten später, vom Sofa im Wohnzimmer aus. Jedenfalls fuhr ich die im vorwurfsvollen Klageton zeternde wieder halbwegs nüchterne Tochter an, was ihr denn einfiele, ihre Aufmerksamkeit von ihrem hilflosen Vater auf Flaschen voll mit Alkohol zu lenken, wenn ihr bewusst sei, dass dieser öfter mal ausbüxt. Außerdem machte ich ihr in Worten, die schärfer und klarer als jeder Schnaps waren, unmissverständlich klar, dass es keinesfalls Aufgabe der Reiseleitung sei, nach verschwundenen Vätern zu suchen.

Ich wies sie an, 90 Minuten später an der Rezeption im nüchternen Zustand auf meinen Rückruf zu warten, da ihre Handybatterie nicht geladen war und ihr Vater dummerweise das Ladegerät des antiquierten Mobilgerätes mitgenommen habe. Sie verlangte großspurig, dass ich eine Nachricht für sie hinterlassen sollte, die ihr der Rezeptionist übermitteln sollte. Mir platzte sprichwörtlich der Kragen und ich fuhr sie an, dass sie gefälligst an der Rezeption zu warten habe, da ich in der Zwischenzeit sämtliche Hebel in Bewegung setzen würde, um den von ihr zu verantwortenden Verbleib ihres Vaters aufzuklären.

Nach Beendigung meines nun hektischen Einkaufs rief ich im Universitätskrankenhaus der Inselhauptstadt an und fragte nach Doris, der in der Gegenwart bereits im Ruhestand befindlichen guten deutschen Seele der Einrichtung, die sich insbesondere um ausländische Patienten kümmert.

Ich hatte Glück, Doris arbeitete auch an diesem Samstagnachmittag, so musste ich sie nicht in ihrer Freizeit auf dem Handy anrufen. Ich fragte sie, ob in den letzten 24 Stunden ein nicht identifizierter Neuzugang stattgefunden hat. Und siehe da, der Greis war tatsächlich am späten Abend einer Polizeistreife auf der für Fußgänger ziemlich ungeeigneten Landstraße an der Südwestküste, ca. 5 km von seiner Urlaubsunterkunft entfernt, aufgefallen. Der Mann war völlig dehydriert und entkräftet den schmalen Randstreifen entlang getorkelt, barfuß, da er sich eine Blase gelaufen hatte und kurzerhand die Schuhe irgendwo ausgezogen und stehen hatte lassen, mit zerschundenden Füßen und beschädigter Oberbekleidung, den viel zu warmen Anorak am Leib.

Augenscheinlich war er aufgrund seines ondulierten Gangs mehrfach gestürzt und hatte sich Schürfwunden zugezogen. Die Polizisten hatten ihn ins nächste öffentliche Gesundheitszentrum gebracht, wo er Infusionen und Versorgung seiner Wunden erhalten hatte, da er aber keine Angaben zu seinem Urlaubsdomizil machen konnte und auch ansonsten nur wirre und nicht weiterführende Antworten gab und teilweise völlig schwieg, entschied der behandelnde Arzt ihn am folgenden Morgen zur Beobachtung ins Inselkrankenhaus zu bringen.

Leider trat Doris ihren Dienst erst zur Mittagsschicht an und konnte sich nicht um Kontaktaufnahme mit den zahlreichen Reiseveranstaltern bemühen, wobei auch das nicht immer zur Klärung der Identität solcher Patienten dient, da naturgemäß Urlauber auch selbstorganisiert ihre Reisen bestreiten. Nun war Doris schon mal zufrieden die Identität des bislang namenlosen Neuzugangs zu kennen. Achja, außer einem Ladegerät für ein Handy, einer nagelneuen Rolle Klopapier und 1.500€ in Bar hatte der Mann keine Gegenstände dabei. Da nun noch 60 Minuten bis zum verabredeten Telefongespräch blieben und ich sowieso den Besuch eines Bekannten in der Nähe der Apartmentanlage geplant hatte, fuhr ich dort hin, um die 'Dame' mal selbst zu besuchen.

Ich informierte zunächst den Rezeptionisten über die erfolgreiche Suche nach Opi. Dann klopfte ich an die Tür der 'Schlampe', die sich tatsächlich dieser Bezeichnung mehr als würdig erwies. Sie verhüllte ihre körperliche Fülle nur schmerzlich unzureichend und hatte schon wieder eine offene Flasche Rotwein auf dem Balkontisch stehen, denn sie hatte Besuch. Diesen stellte sie mir jedoch nicht vor, der Rezeptionist erwähnte allerdings später, dass sie den gleichfalls stark alkoholisierten, ebenso widerlichen Typen wohl in den frühen Morgenstunden mitgeschleppt hatte, als sie von ihrer nächtlichen Sauftour zurückkehrte.

Das ließ den Schluss zu, dass ihr durchaus bewusst war, dass ihr Vater nicht zu Hause war oder aber dass ihr seine Anwesenheit völlig gleichgültig war. Sie fragte mich, ein Lallen unterdrückend: „Und? War'n se bei der Polizei? Wo ist mein Geld?"

Ich entgegnete: „Ja, ich war bei der Polizei und habe Anzeige gegen Sie wegen Vernachlässigung von Schutzbefohlenen erstattet."

Sie: „Was ha'm se gesagt? Vernachlässigung von Schlupfempfohlenen?"

Ich: „Vergessen Sie's, ist eh' zwecklos."

Ich notierte den Namen des Krankenhauses, die Station und Zimmernummer auf einem Zettel und sagte: „Hier finden Sie Ihr Geld, und auch Ihren Vater, falls Sie das auch interessiert. Wir werden uns jedenfalls nach seiner Genesung erkundigen und ich rate Ihnen, sich besser nicht noch einmal so zu verhalten, wie vorhin am Telefon und mal besser Acht zu geben auf Ihren Vater."

Ich erfuhr später, dass der Vater bis zur Rückreise einige Tage später wieder aufgepäppelt worden war und die ehrenwerte Tochter tatsächlich zweimal im Krankenhaus gewesen war, einmal um ihr Geld abzuholen und das zweite Mal, um ihren armen Vater am Abreisetag einzusammeln.

Rügen in Spanien

Leider gibt es auch Urlaubsgäste, die sich nicht so verhalten, wie man es erwarten könnte. Gerade in den Sommermonaten, wenn der Altersdurchschnitt der Urlauber auf den kanarischen Inseln von winterlichen 70 Plus auf sommerliche unter 40 sinkt, also auch partyfreudiges Tanzpublikum den langen Weg zu den Inseln des ewigen Frühlings antritt, kommt es immer wieder zu bemerkenswertem Fehlverhalten einiger Gäste.

Aber nicht nur junge Gäste sorgen für Verdruss bei Hoteldirektoren, auch reifere Jahrgänge vergessen bisweilen ihre Kinderstube. Ist ja auch schon länger her.

Nun sind Reiseleitungen nicht dazu ausgebildet, den Gästen Benimm beizubringen. Das gehört dankenswerterweise nicht zu den vielfältigen Aufgaben, denn es wäre bei manchen aus in etwa wie Perlen vor die Säue zu werfen. Jedoch ist es die Aufgabe der Reiseleitung, den störungsfreien Ablauf der Reise zu gewährleisten.

Dazu gehört selbstverständlich, dass Gästen, die sich nicht an grundlegende Regeln halten, also die die Ruhe im Hotel stören, das Personal im Hotel beleidigen oder gar tätlich angreifen oder sexuell belästigen von der Reiseleitung gemäß den Regelungen der Allgemeinen Geschäftsbedingungen des jeweiligen Reiseveranstalters eine schriftliche Abmahnung oder Rüge erteilt wird. In dieser werden die Handlungen, die zur Abmahnung geführt haben, aufgezählt und der Gast informiert, das bei Wiederholungen oder auch anderen, neuerlichen Missetaten, der Reisevertrag gekündigt werden kann (und auch wird…) und nur noch der Rückflug zur Verfügung gestellt wird. Eine Kündigung bedeutet also vor allem, dass der Gast des Hotels verwiesen wird und sich, je nach Lage des Falls, selber eine neue Unterkunft besorgen muss oder auch, in Fällen, in denen dem Reiseveranstalter dieses Vorgehen zu heikel ist, vom Veranstalter eine andere Unterkunft zur Verfügung gestellt wird.

Alles in allem eine Situation, in die man im Allgemeinen im Ausland nicht geraten möchte und, ich darf Sie beruhigen, die Chance dazu ist relativ niedrig, bei circa 1:50.000.

Zu den Ausreißern bei den Youngstern gehören neben übermäßig em Alkohol-und Drogenkonsum mit den entsprechenden Nebenwirkungen wie nächtlicher Ruhestörung, mit etwas Glück nur wegen lautem Singen oder Pöbeln, manchmal aber auch durch Randale im Zimmer hervorgerufen.

An einem zunächst friedlichen Samstagvormittag erhielt ich in unserem Büro den Anruf des Rezeptionschefs eines beliebten Hotels. Er schilderte mir, dass in der vorangegangenen Nacht die Bewohnerinnen des Zimmers 1220 unerlaubt zwei Begleiter mit aufs Zimmer genommen hatten. Wenn es nur dabei geblieben wäre, kein Problem. Allerdings hatten die vier es wohl als spannender empfunden, ihre Aktivitäten auf dem Balkon auszuüben. Welche Aktivitäten bedurfte bereits keiner Schilderung mehr.

Jedenfalls hatte der Nachtportier aufgrund der Beschwerden aus anderen Zimmern und auch wegen der Beobachtung des Nachtwächters die Polizei benachrichtigt, damit die zwei „Begleiter" der jungen Damen des Hauses verwiesen werden. Dies geschah dann auch recht schnell. Allerdings wurden die anscheinend aus dem Vereinigten Königreich stammenden jungen Männer von der Polizei noch ein wenig mit zur Wache genommen, da sie wohl meinten, die spanischen Polizisten würden sie als Ausländer wohl nicht verstehen. Aber auch spanische Polizisten verstehen „Son of a bitch" und „Motherfucker".

Gut, Engländer sind nicht mein Problem. Aber natürlich bedurften die Ruhestörungen der Nacht und das unerlaubte Mitbringen von nächtlichen Besuchern einer sofortigen Gegenmaßnahme. Also bat ich, mit dem Zimmer der Damen verbunden zu werden, um ihnen eine Abmahnung anzukündigen, die bei erforderlicher Wiederholung im Weiteren zur Kündigung des Reisevertrages und zum Verweis aus dem Hotel führen würde. Eine schnelle Abfrage im Buchungssystem ergab, dass die Mädels gerade 18 geworden waren.

Jedenfalls schliefen die beiden Schneeflittchen wohl noch tief und fest. Der Chefrezeptionist versicherte mir, er habe bereits die Zimmerkarten der beiden gesperrt, sodass diese zwangsläufig nach Verlassen des Zimmers irgendwann im Laufe des

Tages nicht mehr ins Zimmer zurückkonnten. Ich versprach ihm, das Abmahnungsschreiben zu erstellen und ihm zuzuleiten. Er würde dann die Abmahnung aushändigen und sich den Empfang von den Damen quittieren lassen.

Da der Name des Reiseanmelders nicht dem der beiden Damen entsprach und eine deutsche Festnetznummer angegeben war, wählte ich diese. Es meldete sich eine männliche Stimme, recht jung. Ich stellte mich vor und fragte, ob ich eben mit Herrn XZ spreche, der ja die Reise für die Damen XZ und ZX angemeldet hätte. Ja, das wäre er. Frau XZ ist seine Schwester. Ob die beiden schon wieder Mist gebaut hätten? Ob schon wieder, das wüsste ich nicht. Aber ja, letzte Nacht haben sie Mist gebaut. Was denn? Ich umschrieb es, so gut es ging. Der Bruder versprach mir, sich mit den Damen über ihr Handy in Verbindung zu setzen und sie zur Rezeption zu schicken.

Und siehe da, keine Stunde später klingelte erneut das Telefon, die beiden ganz jungen Damen, die sich in aller Form für den Ärger entschuldigten, beinahe weinend versprachen, dass das nie wieder vorkommen wird und natürlich hätten sie die Abmahnung unterschrieben. Der Warnschuss hatte gesessen, denn bis zu ihrer Abreise gab es keinen Grund zu neuerlichen Klagen.

Eines Tages wurde ich in eine Bungalowanlage geschickt, um dort mit einem Gast dessen verstörendes Verhalten zu besprechen. Der Mann war Ende sechzig, saß splitterfasernackt auf der

Terrasse seines Bungalows und sah sowohl von der Beschaffenheit der Haut als auch farblich aus wie der Großvater von E.T..

FKK ist in dieser ausschließlich von Männern buchbaren Anlage gestattet, trotzdem reichte ich dem Gast ein zum Trocknen ausgebreitetes Badetuch zum drüberlegen. Die Leitung der Anlage hatte uns darüber informiert, das der aus der Schweiz stammende Gast sehr gerne eines der balinesischen Betten direkt am Pool belegt. Schließlich hat man da den Logenplatz schlechthin. Jedoch litt der Gast wohl unter Inkontinenz. Und bis auf die Toilette in seinem ca. 30 Meter entfernten Bungalow schaffte der Gast es wohl nicht immer.

Anstatt nun aber den Mitarbeitern der Anlage sein Missgeschick zu gestehen, hatte er die entstandenen sichtbaren Spuren mit Kissen auf der Liegefläche versucht unsichtbar zu machen. Aber das fiel natürlich anderen Gästen auf, die später am Tage nach dem Strandbesuch noch auf dem Bali -Bett entspannen wollten. Diese benachrichtigen dann natürlich sichtlich angenervt ob des unerfreulichen Anblicks einen Mitarbeiter. Dieser hatte am gleichen Tag bereits von der Reinigungskraft einen weiteren unappetitlichen Vorfall erfahren. Die Bungalows sind auch mit einer Kitchenette ausgestattet und augenscheinlich hatte der Schweizer auch Teile des Kochgeschirrs zweckentfremdet und als Nachttopf benutzt. Allerdings hatte er diese auch, eben wohl typisch für den Nachttopf, einfach nur unter dem Bett offen stehen lassen, was sowohl für

Veilchenduft als auch den entsprechenden Lichtblick bei der unterbezahlten Reinigungskraft sorgte.

So kam also auch täglich ein privater Pflegedienst in die Anlage um Körperpflege und Medikamenteneinnahme sicherzustellen. Denn in Wirklichkeit war der Mann schwerst Zuckerkrank, der Verlust mehrerer Zehen zeugte davon. Allerdings kamen wohl noch weitere chronische Erkrankungen hinzu, die den Gesamtzustand nicht gerade verbesserten.

Das Gespräch war alles andere als angenehm, wer hält schon gerne einem deutlich Älteren und offensichtlich Kranken eine Gardinenpredigt. Der Herr ließ diese klag-und widerspruchslos über sich ergehen. Ich legte ihm sehr nah, doch lieber seinen Rückflug vorzuziehen, da man sich doch in der Schweiz sicherlich intensiver um ihn kümmern würde. Die Antwort überraschte mich nicht: „Da hab ich ja auch nichts zu tun, hier kann ich wenigstens ein bisschen am Leben teilnehmen." Ich wandte ein, dass die Ferienanlage aber keine Krankenstation sei und insbesondere grobe Verschmutzungen sowohl der Gemeinschaftseinrichtungen als auch der Kochutensilien nicht toleriert werden können. Ich forderte ihn auf, sich mal in die Person zu versetzen die nach ihm die als Toilette umfunktionierten Gegenstände benutzen wollte. Zum Glück fehlten bis zur planmäßigen Abreise nur noch wenige Tage, so dass ich ihm zwar die Abmahnung überreichte, mich aber mit dem Gefühl verabschiedete, dass er nun begriffen hatte, dass dieses Verhalten auch sehr unangenehm für unbeteiligte Dritte ist. Bis zur Abreise gab es dann auch tatsächlich keine neuerlichen Fehltritte.

Es gibt jedoch auch Fälle, bei denen ein Gast zu Unrecht oder vorschnell vom Hotel als „unerwünscht" angesehen wird. So wurde ich in ein Fünf -Sterne -Hotel beordert, um auf Wunsch des Hoteldirektors die Gäste aus dem Hotel zu „entfernen". Ich hatte bereits telefonisch mit den Gästen vereinbart, wollte aber zuvor noch vom Direktor erfahren, was ihn zu einem solch drastischen Schritt bewogen hatte. Weiterhin wollte ich versuchen, die Wogen zu glätten, da nach deutschem Reiserecht zunächst die Abmahnung schriftlich erteilt werden muss und dann erst bei erneuten Schwierigkeiten die Kündigung des Reisevertrages ausgesprochen werden kann.

Sowohl der Hoteldirektor, der seine Forderung bekräftigte, insbesondere den „unverschämten Mann" aus dem Hotel haben zu wollen, als auch die Gäste schilderten mir die Vorkommnisse des vorangegangenen Abends. Die Gäste, die mir nun wirklich nicht wie zwei Krawallbüchsen erschienen, waren am Nachmittag des Vortages angereist und hatten sich zum Abendessen begeben. Den Gästen wurden von drei verschiedenen Kellnern Getränke serviert, nur einer verlangte eine Unterschrift auf einem Kassenbeleg. Da der nächste Kellner wiederum keine Unterschrift verlangte, obwohl es sich um das gleiche Getränk handelte, fragte der Kunde nach, warum das so unterschiedlich gehandhabt wird. Aus meiner Sicht absolut nachvollziehbar, dieses unabgestimmt erscheinende Verhalten zu hinterfragen, insbesondere vor dem Hintergrund, dass die Gäste All-Inclusive gebucht hatten und üblicherweise, außer bei Getränken, die nicht Teil des AI Paketes sind und kostenpflichtig bestellt werden, keine Unterschrift des Gastes verlangt wird.

Der gefragte Kellner konnte dies aufgrund mangelnder Sprachkenntnisse nicht beantworten und holte den Saalchef herbei, der das inkonsistente Verhalten seiner Untergebenen allerdings auch nicht schlüssig erklären konnte. Die unbefriedigende Antwort verärgerte den Gast anscheinend, so dass er den Saalchef wissen ließ, dass er sich weigern würde, noch irgendeinen Beleg zu unterschreiben. Nebenbei bemerkt, auch der Hoteldirektor war nicht in der Lage, das eigentliche Procedere einwandfrei zu erklären, ein Umstand, der mich verärgerte, zumal mir dämmerte, dass der Grund für den gewünschten Rauswurf ganz woanders liegen könnte.

Im Restaurant war der Fall soweit erledigt, aber an der Bar, an der die Gäste noch einen Digestiv zu sich nehmen wollten, wurde den Gästen nach dem Servieren der zweiten Runde wieder ein Beleg zum Unterschreiben vorgelegt. Der Gast sagte dem Kellner, er solle sich die Unterschrift beim Saalchef des Restaurants holen. Auch dieser Kellner war der deutschen Sprache nicht soweit mächtig, als das er das Problem auf eigene Faust aus dem Weg schaffen konnte. Also rief der Mitarbeiter den Restaurantchef an und dieser wurde in Minuten an der Bar vorstellig. Hier ergab dann wohl ein Wort das andere, der Gast hatte mittlerweile bereits einige alkoholische Getränke intus, und es kam zu einer Auseinandersetzung, die darin gipfelte, dass der Gast an den Restaurantchef gerichtet Götz von Berlichingen zitierte, woraufhin der Maître dem Gast in Aussicht stellte, am nächsten Tag mit dem Hoteldirektor zu sprechen.

Dieser war wohl nicht davon begeistert mit dem Gast zu sprechen, was er dann auch konsequent vermied, sondern forderte von meinem Arbeitgeber, den Gast umgehend aus dem Hotel zu entfernen.

Da also auch ich beim Direktor nicht auf Milde hoffen konnte, gab es ein Problem zu lösen, und zwar kein geringfügiges.

Ich setzte mich daher mit meinem Vorgesetzten in Verbindung, um eine Lösung herbeizuführen. Eine Schwierigkeit bestand darin, dass es in unserem Portfolio nur ein weiteres Hotel der gleichen Kategorie und vergleichbarer Lage gab, das auch All-Inclusive-Verpflegung anbot. Und das war komplett ausgebucht. Nur Vollpension, also ohne Zwischenmahlzeiten und Getränken, anzubieten bedeutete auch, das Risiko einzugehen, dass die Gäste zu Recht die Kosten für Getränke reklamierten.

Da ich bereits den Gästen ein sehr gutes Hotel mit All-Inclusive angeboten hatte, dieses allerdings nur 4 Sterne hatte und vom Meer weit entfernt lag, war auch diese Alternative nach der verständlichen

Ablehnung durch die Gäste gestorben. Diesen konnte ich nicht überzeugend darlegen, warum nun überhaupt ein Hotelwechsel erforderlich wurde. Ich beschränkte mich darauf, mein Bedauern über die Unstimmigkeiten auszudrücken und verwies auf das Hausrecht des Direktors, dem sich nun sowohl die Gäste als auch der Veranstalter wohl oder übel zu beugen hatten. Denn, und das konnte ich selbstredend nicht den Gästen mitteilen, die Saison war in wenigen Tagen zu Ende und damit endete auch der bereits seit vielen Jahren bestehende Vertrag mit dem Hotel. Dieses würde nämlich ab Beginn der neuen Saison exklusiv von einem anderen europäischen Veranstalter mit einer Belegungsgarantie versehen dann nur noch dessen Gästen zur Verfügung stehen. Und augenscheinlich waren dem Direktor unser Gast ein Dorn im Auge, weil er auch nach Saisonbeginn noch gute zwei Wochen im Hotel geblieben wäre.

Und der andere Veranstalter war bekannt dafür, sehr drastische Forderungen zu stellen, vielleicht auch die, dass das Hotel „besenrein", also quasi komplett ohne Gäste am Saisonbeginn zur Verfügung zu stehen hatte. Das waren zwar nur Mutmaßungen, aber nicht von der Hand zu weisen. Nur dem Gast konnte ich das nicht sagen. Mittlerweile hatte mein Chef glücklicherweise eine Lösung gefunden. Ein anderes Fünf-Sterne-Hotel bot All-Inclusive an, hatte jedoch keinen offiziellen Vertrag mit der Agentur.

Da eine Reservierung dort jedoch auch preismäßig bis auf eine kleine Differenz zu Lasten meines Arbeitgebers problemlos durch eine ehemalige Kollegin bearbeitet wurde, war der Urlaub der Gäste tatsächlich auf sogar angenehme Weise gerettet, denn diese erhielten ein kostenfreies Upgrade auf eine Suite mit Privatpool und verbrachten den Aufenthalt ohne weitere Unterschriften. Anscheinend hatte die zügige Lösung des Problems, dazu noch mit einem Hotel in noch besserer Lage, den Ärger der Gäste vertrieben und so sahen sie von einer schriftlichen Reklamation ab.

#metoo

Es muss nicht immer Weinstein sein

Gemeint ist hier nicht der Bodensatz vergorener Trauben, sondern der mir eher unsympathische Vergewaltigungskönig. Ich will mich hier zur Psyche solcher Männer nicht auslassen, allerdings sind die nicht nur immer im Filmgeschäft unterwegs, auch so manch kanarisches Zimmermädchen hat schon äußerst unangenehme Erfahrungen gemacht. Aber mal der Reihe nach:

Vor einigen Jahren bat mich der Direktor eines sehr gediegenen Hotels zu sich ins Büro und berichtete mir, dass einer meiner Gäste sich sehr unangenehm verhielt. So wartete dieser Herr denn nur mit dem Bademantel bekleidet auf dem Balkon das Eintreffen der Reinigungskraft in seinem Zimmer ab. Sobald diese bemitleidenswerte Mitarbeiterin allein im Zimmer war, machte dieser saubere Zeitgenosse seinen Unterkörper frei, begann an sich im wahrsten Sinne des Wortes zu manipulieren und bedeutete der Hygienefachkraft mittels Gesten und Mimik (besser gesagt Grimassen) dass sie ihm doch bei dieser „Aktion" zur „Hand gehen" sollte.

Die Mitarbeiterin verließ also schleunigst das Zimmer, natürlich ohne der Einladung stattzugeben, und berichtete der Hausdame von dem Vorfall. Als Sofortlösung half nun eine weitere Reinigungskraft bei der Zimmersäuberung und folgerichtig sah dieser bis da nur „Exhibitionist" von einer Fortführung seiner „Handarbeit" ab.

Die Hausdame informierte den Direktor darüber und dieser versprach, sich der Sache anzunehmen. Falls Sie jetzt annehmen, der Direktor als gestandener spanischer Macho, würde den grabbeligen Herr W. nun zu sich zitieren, um ihm mal ordentlich die Leviten zu lesen, irren Sie sich.

Diese doch sehr angenehme Aufgabe delegierte er an die Mitarbeiterin der Gästebetreuung, jedoch versprach er ihr, dass er dafür sorgen würde, dass sie maskulinen Beistand dabei hätte, und zwar mich. Im Gegensatz zum Hoteldirektor sehe ich mich in solchen Situationen nicht als Schlappschwanz. Also nahm ich mir vor, bei nächster Gelegenheit den mit Testosteronüberschuss beglückten Stier bei den Hörnern zu packen.

Ich sammelte zunächst die vorhandenen Informationen zu meinem Gast und fand so heraus, dass er zusätzlich zur Buchung seines Einzelzimmers auch noch ein weiteres Zimmer ab einem späteren Zeitpunkt für eine Dame mit gleichem Nachnamen und naheliegendem Geburtsjahr, also vermutlich seine Frau, gebucht hatte.

Die Ankunft dieser Dame sollte jedoch erst in einer Woche sein. Also hatte die Gattin wohl eher die Hörner auf. Aber zunächst hatte ich in der Hotelhalle noch einige Gäste zu betreuen. Beim letzten Gast, der dort auf mich wartete, staunte ich nicht schlecht. Dieser ca. 65 Jahre junge Urlauber stellte sich nicht namentlich vor, sondern fragte ziemlich unverblümt, wie man denn „an was zum bumsen" kommen würde, denn im Hotel und auch im größeren Nachbarhotel gäbe es ja keine „Frauen zum vögeln" denn hier liefen ja überall nur „alte Schabracken rum".

Nun, es kam gelegentlich zwar vor, dass sich Männer (ja, nur Männer, Frauen fragen so etwas nicht....) erkundigten, wo es denn nächtliche Vergnügungen mit bereitwilligen Damen gäbe, allerdings in aller Regel mit eher verschämten Gesichtsausdruck und vorsichtig gewählten Worten. So mit der Tür ins Haus gefallen war bislang noch niemand.

Ich sagte also: „Herr...ähm, ich hatte ihren Namen vorhin nicht ganz verstanden...!?"

„W."

„Ja , richtig, ihr Name kam mir gleich so bekannt vor. Nun, wo wir schon gerade beim Thema sind: Wo es hier Nutten gibt, kann ich Ihnen nicht sagen, vielleicht fragen Sie da mal Abends die Schlepper in den Einkaufszentren, die verteilen da meines Wissens nach Visitenkarten ihrer Etablissements. Ich würde sie kurz bitten, hier zu warten, ich möchte da noch etwas besprechen. Sie haben doch nichts dagegen, wenn ich kurz die Gästeetreuung dazu hole?"

Ohne die Antwort auf die eh nur pro-forma gestellte Frag abzuwarten, holte ich die Gästebetreuerin dazu.

Ich setzte fort: „Herr W. hier wollte gerne Informationen zu sexuellen Dienstleistungen. Da wollte ich es nicht versäumen, ihn darauf hinzuweisen, dass er doch bitte seine Bemühungen um diese Art von Service hier im Hotel, insbesondere bei den Reinigungskräften, unterlassen soll. Das ist doch so richtig?" vergewisserte ich mich bei der Gästebetreuerin.

Schweigen von Herrn W.

Gästebetreuerin: „Ja, die Zimmermädchen, die sehr schwer für einen geringen Lohn arbeiten, weigern sich, alleine das Zimmer zu betreten, da Herr W. schon sehr beschämende Gesten macht."

Ich: „Herr W., ich fordere Sie auf, in Zukunft bei der Durchführung der Reinigung das Zimmer zu verlassen und sämtliche ungebetenen, unsittlichen Avancen zu unterlassen. Sollte das Hotel von einem weiteren Fall sexueller Belästigung berichten, werden wir Sie schriftlich abmahnen."

Herr W. hob beschwichtigend die Hände, maulte etwas von „Die stellen sich aber zimperlich an." und trottete von dannen. Tatsächlich riss er sich wohl sprichwörtlich selbst am Riemen, es kamen zumindest in diesem Urlaub keine Beschwerden mehr.

Einige Jahre danach traf ich beim Betreten des Hotels die Chefreiseleiterin eines anderen Veranstalters, die gerade das Haus verlassen wollte. Wir kamen kurz ins Gespräch, da es eher ungewöhnlich ist, dass diese Dame dort anzutreffen ist. Sie erklärte, dass Sie eine Abmahnung überreichen musste, da einer ihrer Gäste im

Whirlpool des Hotels an sich „rumgespielt" hat. Weitere Beschreibungen der Umstände und des Gastes führten dazu, dass ich sie fragte, ob der Gast denn Herr W. hieße.

Ja, Bingo!

Diesmal hatte er die Urlaubsreise mit einem anderen Reiseveranstalter gebucht (Glück für uns) und war bereits am ersten Tag durch seine „Handarbeiten" im warmen Nass aufgefallen. Und das sogar, obwohl seine Frau ebenfalls im Hotel, jedoch in einem eigenen Zimmer, untergebracht war. Ich empfahl der Kollegin, doch mal das Gespräch mit der Frau zu suchen, das würde bestimmt ein Heidenspaß werden. Ich überlegte noch, Abends eine Runde bei den Ticketverteilern für die Damen des horizontalen Gewerbes zu drehen und ein paar Visitenkarten zu sammeln um diese dann „versehentlich" in einem neutralen Briefumschlag mit besten Empfehlungen unter der Zimmertür von Frau Sie -wissen -schon durchzuschieben. Ich entschied mich dagegen, zum einen war ich zu faul, zum anderen geht es mich nichts an, wie Ehepaare ihre internen Angelegenheiten lösen.

Das war dann mal weg

Fassen Sie sich doch an die eigene Nase

W as Touristen so alles liegen lassen, im Hotelzimmer, auf Toiletten, im Transferfahrzeug, oder wo man sonst so seine sieben Sachen oder einen Bruchteil davon vergessen kann, ist tatsächlich sehr erstaunlich. Da wundert es, dass noch keine menschlichen Hirne dabei waren. In einigen Fällen wurden diese bereits daheim gelassen, unnötiger Ballast. Eines schönen Tages schickte ein Kollege mir dieses Bild:

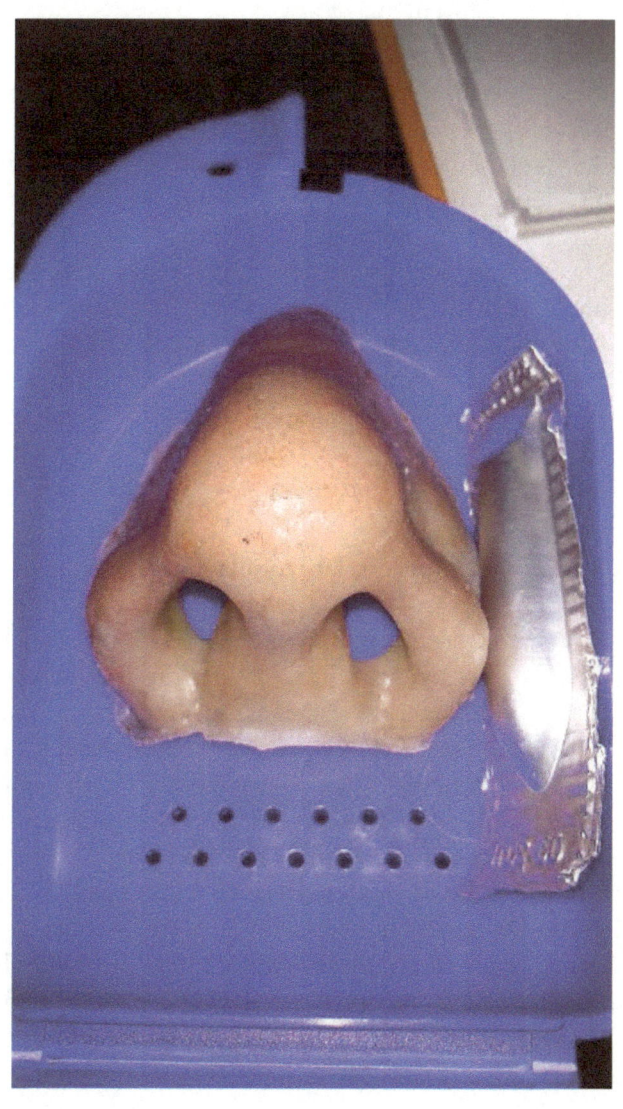

Ja, es handelt sich hierbei um eine Nasenprothese. Hat der Besitzer im Nachttisch vergessen. Auch dieser Verlust wurde bemerkt, und die Tochter des Trägers, oder eher nicht Trägers erkundigte sich über die Versandkosten. Diese waren ihr zu hoch, so wurden wir gebeten, das gute Stück bis ins darauffolgende Jahr zu verwahren, man würde die Nase dann im folgenden Urlaub abholen. Jedoch blieb es nicht dabei. Denn der Nasennutzer verklüngelte auch das Ersatzmodell, dies hatte er auch bei der Abreise getragen, denn man fliegt ja schließlich nicht ohne. Nun müsste der Versand aber ganz zügig erfolgen, was natürlich die Versandkosten vervielfacht. Da muss man sich aber wirklich mal an die eigene Nase fassen.

Aber nicht nur solch vergleichsweise kleinen Teile werden vergessen. So meldete sich mal eine Hotelrezeption, ob wir einen Gast am Flughafen ausrufen lassen könnten. Denn der gesuchte Herr hatte seine Beine, besser gesagt, den Koffer mit den Beinprothesen, am Rezeptionstresen stehen lassen. Natürlich trug der gute Mann ein anderes Paar Beine an sich, aber der besorgte Rezeptionist meinte wohl, Ersatzbeine seien wohl eine wichtige Sache, auch wenn der Besitzer den Verlust selbst noch gar nicht bemerkt hatte. Schließlich meldete sich der Gast dann doch noch direkt beim Hotel und die Beine machten sich im Taxi auf den Weg zum Flughafen und erreichten den Gast noch vor dem Abflug.

Wenn Reisende bei Abreise Dinge im Hotelzimmer vergessen, sollten diese über das

Reisebüro und den Veranstalter im Zielgebiet reklamiert werden. Dazu werden den Gästen entsprechende Formulare zur Verfügung gestellt.

Eine vage Beschreibung

Nun wollte ein abgereister Gast jedoch dieses Formular aus verständlichen Gründen nicht ausfüllen. Denn bei Abreise hatte der Gast einen sehr persönlichen Hygieneartikel im Nachtschränkchen vergessen. Diesen wollte er der Reiseleitung ausschließlich telefonisch beschreiben. Am Telefon erklärte der Gast dann recht stotternd, dass es sich um einen Aufsatz für die Dusche handelt. Die Kollegin hörte schon die berühmte Nachtigall durch den mittlerweile insolventen Beate -Uhse -Shop trapsen.

Also fragte sie folgerichtig, ob es sich denn um einen Duschaufsatz für die Spülung von Körperöffnungen handelt. Beschämt bestätigte der Gast die waghalsige Vermutung. Bei der Abholung des fraglichen Gegenstandes im Hotel wurde dieser in einem Klarsichtfrühstücksbeutel mit spitzen Fingern übergeben und sorgte bei Ankunft in unserem Büro ersteinmal für allgemeine Erheiterung.

Beim Versand musste auch auf der Zollinhaltserklärung der Artikel beschrieben werden. Wir entschieden uns für den neutralen Begriff „Duschaufsatz". Die Paketsendung wurde auch beanstandungslos an den Eigentümer in Deutschland ausgeliefert.

Aber das Kind ist da?

Auch bei der Ankunft am Flughafen werden bisweilen Teile des Reisegepäcks zurückgelassen. Auf der Notrufnummer erreichte mich der Anruf eines frisch angereisten Familienvaters, der erklärten, man habe den Kinderwagen am Flughafen vergessen. Natürlich erkundigte ich mich zunächst, ob mit Kind oder ohne im Kinderwagen. Nein, das Kind war da, nur der Wagen nicht. Also bot ich dem Gast an, am nächsten Tag einen Transfer zum Flughafen zu nutzen, um den Kinderwagen am Lost & Found Schalter abzuholen. Selbstredend stellte der vergessliche Vater Forderungen auf, die nicht erfüllt wurden. So sollten wir uns doch gefälligst um den Kinderwagen kümmern, und das noch am gleichen Tag. Ich erklärte dem Herrn in deutlichen Worten, dass die Leistungen der Reiseleitung nicht die eines Dienstboten sind und er sich schon selber auf den Weg machen müsste. Ich erläuterte ihm, dass die kostenlose Bereitstellung eines Hin-und Rücktransfers zum Flughafen bereits weit über das zu erwartende Maß hinausging und er sich aber gerne sofort mit dem Taxi für mindestens 45 Euro auf den Weg zum Flughafen machen könne, wenn er seine Nachkommenschaft denn im Wägelchen noch gleichtägig durch die Gegend schieben wollte. Ansonsten wiederholte ich letztmalig die bereits vorgeschlagene Lösung, auf die sich der zerstreute Erzeuger dann letztlich einließ.

Ihre Reiseleitung – die wandelnde Apotheken –Umschau

Eigentlich beschränken sich die gesundheitlichen Aufgaben der Reiseleitung auf den Hinweis zum Beispiel Leitungswasser nicht zu trinken oder auch die Sonne nur mit entsprechenden Sonnenschutzmittel zu genießen. Bedauerlicherweise meinen viele Gäste, wir würden auch einen weitergehenden Service bieten. So hat man als gute Reiseleitung natürlich den Auszug sämtlicher Ärzte und Kliniken aus den Gelben Seiten dabei, auch wenn die Kunden einfach nur mal in die Informationsmappen oder entsprechenden Internetseiten oder auch in die am Flughafen erhaltenen Infos schauen müssten, um alle gewünschten Telefonnummern etc. zu erhalten.

So sammelt man über die Jahre ein gesundes Halbwissen an, kann schon mal vorab beraten, für welche Medikamente ein Rezept erforderlich ist und ob man Einweg-Klistiere auch in der Drogerie bekommt und wo man Dinkelbrot kaufen kann.

Selbstverständlich telefoniert man auch herum, um orthopädisches Gerät, auch mal einen Schlaf - Apnoe -Beatmungsapparat oder Globuli oder Bach - Blüten für Gäste ausfindig zu machen. Auch Optiker und Hörgeräteakkustiker sowie Heilpraktiker und Chiropraktiker, deutschsprachiger Frauenarzt und

Urologe sowie Tauchmediziner und HNO Arzt hat man an der Hand.

Aber manchmal kommen gesundheitsbezogene Fragen auf einen zu, dass man glatt verzweifeln könnte. So fragte denn ein Gast,wo er denn eine Schüssel kaufen könne, denn das von ihm gemietete Apartment verfügen nicht über ein Bidet, und da er des Öfteren Abführmittel nehmen müsse, benötige er eine entsprechende Waschgelegenheit. Das ist mehr Information, als gewünscht oder gar erforderlich, um ihm zum 1 -Euro -Geschäft zu schicken.

Aber auch die Frage einer Dame gerichtet an eine Reiseleiterkollegin, was sie denn machen soll, wenn es untenrum juckt, war sehr interessant. Die logische Antwort war „kratzen", die Kollegin schrieb ihr aber die Telefonnummer eines deutschsprachigen Gynäkologen auf. Ich persönlich hätte vielleicht noch ein Kondom dazu gelegt.

Die telefonische Information eines Gastes darüber, dass er sich einen Tripper eingefangen habe, kam ungebeten und war auch für die Bearbeitung der nun gewünschten früheren Abreise nicht erforderlich. Entgegen meiner pre-Covid-19-Gewohnheiten bekam der Kunde meine Hand nicht zur Begrüßung hingehalten, als er das Ticket abholte.

Eine niederländische Familie erkundigte sich denn dann auch nach den etwaigen Einschränkungen für den Rückflug mit einem an Windpocken erkrankten Kind. Natürlich wies ich die Eltern darauf hin, dass der Antritt des Fluges mit einer hochansteckenden

Krankheit seitens der Fluggesellschaft und auch insbesondere wegen der gesundheitlichen Risiken für unbeteiligte Dritte, insbesondere für Schwangere, unverantwortlich sei. Da die Gäste trotzdem fliegen wollten, vereitelt ich dieses Vorhaben durch eine entsprechende Mitteilung an die Fluggesellschaft. Man würde ein ärztliches Attest für das erkrankte Kind fordern. Mutter und Kind verlängerten dann ihren Aufenthalt bis zur Beendigung der Infektionsperiode. Allerdings mehr gezwungenermaßen als denn per gewonnener Einsicht.

Land und Leute

Ein Ausflug zum Kotzen

Neben der Sicherstellung der vertragsgemäßen Erbringung der gebuchten Reiseleistungen bieten die Reiseleiter auch die Vermittlung von Aktivitäten aller Art an. Ob Inseltour im Bus, Ausfahrten im Jeep, Schifffahrt auf oder unter Wasser, Hubschrauberrundflügen oder Kochkurs, alles und noch mehr hat man im Bauchladen im Angebot.

Nun gibt es auch in der Reiseleiterzunft schwarze Schafe, die auch einem Glatzköpfigen einen Kamm verkaufen würden. Allerdings zähle ich mich nicht dazu. So auch in dem Fall einer sehr unternehmungslustigen, ja geradezu hyperaktiv jungen Mutter samt ihrer, aus meiner Sicht bemitleidenswerten, fünfjährigen Tochter. Die Dame wollte nun auf jeden Fall eine Inseltour im Bus unternehmen. Natürlich nehmen auch Kinder und Jugendliche an unseren professionellen und mit sehr viel Informationen gespickten Ausflugsfahrten teil. Allerdings stellte ich in diesem Fall die Frage, ob so eine gut neunstündige Tour nicht das Interesse der Tochter übersteigt und sie nicht gelangweilt bis quengelig würde.

„Nein", wurde mir von der charmanten Mutter völlig überzeugt mitgeteilt, „meine Tochter hat schon letztes Jahr in Griechenland einige Busausflüge mitgemacht, ist überhaupt kein Problem."

Da die Dame ihre Aufmerksamkeit eher auf 'individuelle' Touren gelegt hatte, bot ich Ihr eine Kleinbustour an. Begeistert buchte sie diese für sich und ihre Tochter für den übernächsten Tag. Nach zwei Tagen bekam ich dann vom Veranstalter der Fahrt die Mitteilung, dass die Dame samt Tochter die Fahrt bereits nach fünfzehn Kilometern, also kurz nach Verlassen der Tourismuszone, auf eigenen Wunsch wegen Übelkeit der Tochter, abgebrochen hat. Abends kam die Dame wieder in meine Servicezeit. Sie gab mir die Schuld an der Übelkeit, da die Strecke voller Kurven sei. Außerdem forderte sie die Erstattung der Taxikosten für die vorzeitige Heimfahrt. Die Erstattung der Taxikosten lehnte ich ab, da ja eine Fortführung des Ausflugs nicht am Veranstalter gescheitert war. Bezüglich der Kurven wies ich sie darauf hin, dass dies regelmäßig der Fall ist, wenn man eine Tour durch die Berge wählt. Gerade Strecken im Gebirge sind nun einmal rar gesät. Ich erläuterte weiter, dass *alle* unsere Touren in das Inselinnere zwangsläufig über kurvige Straßen, auch teilweise in etwas schmalerer Ausführung und entlang von Abgründen, führen. Sollte dies für die Tochter problematisch sein, so empfahl ich eher einen Ausflug in die Hauptstadt oder in einen der Erlebnisparks. Nein, die Dame wünschte denn, eine Tour in einem größeren Bus zu unternehmen. Trotz eindringlicher Hinweise, dass ich eine erneute Umbuchung nicht und schon gar nicht kostenlos vornehmen würde, blieb sie bei dieser Entscheidung. Auch dieser Ausflug wurde kundenseitig abgebrochen, und zwar wieder nach recht kurzer Strecke, bis dahin hatte die bedauernswerte Tochter bereits zwei Spucktüten gut gefüllt. Glücklicherweise sah die Mutter davon ab, erneut bei mir zu reklamieren.

Welche wilden Tiere sieht man bei der Safari

Ein beliebter Ausflug, bei Jung und Alt gleichermaßen, ist eine Tour in die Berge, zu den Stauseen und auf schattigen Nebenstrecken durch die Kiefernwälder. Es werden auch unbefestigte Strecken befahren. Optional kann man auch noch einen Kamelritt dazubuchen. Da diese Ausflugsfahrt mit geländegängigen Fahrzeugen durchgeführt wird, wird sie recht griffig als „Jeep Safari" bezeichnet. Vorsicht bei der Namenswahl: es gab schon Gäste, die fragten, welche wilden Tiere man den da sehen kann. Nach einem kurzen Moment des inneren Erstaunen gab ich zu verstehen, dass die einzigen erwähnenswerten wilden Vertreter in der Natur neben den Eidechsen und abgesehen von durchgeknallten Urlaubern, das hochgefährliche kanarische Kampfkaninchen sei, kurz KKK. Allerdings ohne Sichtungsgarantie…

Politisch korrekte Ausflüge

Eine Dame, eher gesagt eine Frau, so um die Mitte 50, aufgrund der strähnigen Haare und des nicht vorhandenen Make -ups tatsächlich schwer zu schätzen, im selbstgenähten Kleid aus der

Stoffresteecke eines bekannten schwedischen Möbelhauses, mit ihrer etwas eleganter gekleideten Frau Mutter so um die 85, untergebracht in einem Apartment in sehr schöner Lage in einer der bevorzugten Lagen direkt am Meer, erkundigte sich bei mir nach Schiffsausflügen.

Bei der routinemäßigen Erläuterung der verschiedenen Optionen kam ich auch auf den angebotenen Ausflug zum Beobachten von Delfinen. Plötzlich unterbrach mich diese Dame und fragte, ob dieser Ausflug denn 'politisch korrekt' sei. Damit schaffte sie es, mich tatsächlich für den Bruchteil einer Minute aus dem Konzept zu bringen. Soll etwas heißen.

Ich erwiderte, ob das bei Ihrer Wahl bezüglich des Urlaubsortes denn tatsächlich eine Rolle spielte, um ihr gleich darauf zu versichern, dass dort alles gemäß der einschlägigen europäischen Vorschriften vonstattengeht, das Schiff bei Sichtung von Delfinen also sofort die Maschinen drosselt und dann beidreht, um den Tieren die Gelegenheit zu geben, sich aus freien Stücken zu nähern. Damit schien die Kundin hinsichtlich der political correctness von Delfinbeobachtungen beruhigt. Ihr ganzer Aufzug wirkte allerdings nach wie vor alles andere als korrekt, politisch schon, wenn das auch das Auslassen der Körperpflege als neueste Strömung umfasst.

Natürlich ist es beachtenswert, wenn sich Reisende über die Sinnhaftigkeit ihres Tuns Gedanken machen, jedoch ist das Kerosin bereits verflogen (zumindest die Hälfte davon) und das Pool-und Duschwasser mit hohem Energieaufwand bereits vom Salz des Meeres befreit worden und ein Großteil der zu vertilgenden Halbpension bereits per Kühlfrachter angelandet worden und das Zimmermädchen mit einer Bezahlung weit unter deutschem Mindestlohn hat bereits die selbstverständlich aus nicht ökologischer Baumwolle hergestellte Bettwäsche aufgezogen, deren Wäsche garantiert auch nicht mit Kernseife vorgenommen wurde.

Wenn die Haie Blut riechen

Selbstverständlich können Sie bei mir auch einen Bootsausflug buchen, um sich mal die Küste vom Wasser aus anzuschauen, vom Schiff aus Schwimmen zu gehen oder auch zu schnorcheln. Nun hatte ein junges Paar telefonisch in unserem Büro so einen Ausflug reserviert und besuchte mich in der Servicezeit, um das Ticket und nähere Informationen zu erhalten. Nachdem alles Notwendige erklärt war, fragte ich noch, ob es sonst noch Unklarheiten gäbe.

„Ja!" sagte die junge Frau „Gibt es hier Haie?"

Ich erwiderte wahrheitsgemäß: „In den tieferen Gewässern rund um die kanarischen Inseln gibt es verschiedene Haiarten, jedoch keine, die sich durch Angriffe auf Schwimmer auszeichnet. Seien Sie also unbesorgt!"

Die dann folgende Ausführung notierte ich sodann im Geiste für dieses Buch mit: „Wissen Sie, ich glaube, ich werde am Ausflugstag meine Periode bekommen und ich hab Angst, dass mich dann die Fische attackieren, wenn die das Blut riechen!"

Pause – lange Pause. 'Nein' dachte ich, 'ich weiß nicht, dass du deine Regel bekommst, wollte ich auch ehrlich gesagt nicht wissen, aber wie kommt man darauf, dass einen dann die Fische angreifen?'

„Nun" sagte ich bedächtig „In diesem Fall möchte ich Ihnen natürlich nicht zu dem Ausflug raten, denn eine Garantie dafür, dass kein Fisch an Sie rankommt, kann ich Ihnen natürlich nicht geben. Möchten Sie vielleicht in das Meeresaquarium, da kann noch nichteinmal der Hai durch die Scheibe kommen…"

Und siehe da, das Paar buchte dann tatsächlich Eintrittskarten für das Aquarium. Ich überlegte hinterhältig, ob ich dem Ehemann noch Tipps für einen nächtlichen Streifzug durch die Gemeinde mit auf den Weg geben sollte…

Wo ist denn hier der Ausgang?

Das fragte mich allen Ernstes eine Reisende, als sie während meiner Servicezeit einen Ausflug in die Inselhauptstadt buchte. Sie meinte damit den Ausgang des Hotels, zur Straße, in die Freiheit. Denn den hatte Sie seit ihrer Ankunft vor zwei Tagen vergeblich gesucht. Zunächst bearbeitete ich ihre Ausflugsbuchung inklusive der Erläuterungen zum Ablauf und gab der Reiseleiterin den Hinweis „Aufgepasst, verläuft sich!". Gerne erklärte ich der

Kundin anschließend den Weg von ihrem Zimmer, vom Restaurant und von der Reiseleiterecke zum Ausgang anhand eines Hotelplans, den ich pflichtgemäß in meinen Unterlagen für solche und ähnliche Fälle dabei habe. Zugegebenermaßen handelt es sich um ein Hotel mit beträchtlichen Ausmaßen und gut 700 Zimmern, aber allenthalben findet man Beschilderungen, leider nicht auf Deutsch. Und das Exit Ausgang bedeutet, ist nicht jedem klar. Übrigens war die Reiseleiterin heilfroh gewesen, den Tipp bekommen zu haben, denn tatsächlich fand die Dame nur unter Schwierigkeiten zum ersten Treffpunkt nach einem Spaziergang durch die Altstadt. Beim darauffolgenden Ausstieg wurde der Dame angeboten, die Reiseleiterin zu begleiten. Zum Wohl aller Beteiligten war das die beste Lösung.

Am liebsten hab' ich...

die Gäste, die, wie bereits in der Einleitung erwähnt, überaus freundlich auftreten, auch Selbstverständlichkeiten wertschätzen und deshalb auch gerne in Erinnerung bleiben. Somit ist es auch nicht unüblich, dass Gäste nach langen Jahren regelmäßiger Wiederkehr die vielleicht schon ebenso langjährige Reiseleitung quasi schon zur Familie zählen und oft erkundigt man sich vor Urlaubsantritt, ob man im Urlaubsgebiet nicht erhältliche deutsche Lebensmitteln oder Besonderheiten aus Deutschland mitgebracht haben möchte und so werden gelegentlich ungefragt einige Ringel Fleischwürste oder andere regionale Spezialitäten aus dem Herkunftsgebiet mitgebracht. So gab es denn auch eine ältere Dame, die regelmäßig bei jedem Aufenthalt eine Kollegin mit einen frischgebacken Kuchen erfreute. Auch passierte es mir, dass mir eine sehr nette Dame für den Umstand, dass ich ihr aufgrund eines plötzlichen Aufenthaltes im Krankenhaus kurz vor Abreise den von der freundlichen Hausdame des Hotels gepackten Koffer brachte, damit sie direkt aus dem Krankenhaus zum Flughafen gebracht werden konnte, in ungewohnter Weise honorierte. Als sie mich einige Monate später, vollständig von dem erlittenen Schwächeanfall genesen, in der Servicezeit im Hotel besuchte, schenkte sie mir einen erlesenen Wein aus ihrer Heimat.

Eine sehr erlesene Gästeschar

Seit dem ich vor gut einem Jahrzehnt die Betreuung eines bereits in den frühen Achtziger durch einen Gastauftritt in der Familien Soap "Ich heirate eine Familie" zu Ruhm gekommenen Hotels übernahm, wusste ich noch nichts von den doch sehr eigenwilligen Vorlieben einiger Stammgäste. Da diese Wissenslücke durchaus ernsthafte Diskussionen mit diesen provozierte, bemühte ich mich selbstredend, diese möglichst schnell und wasserdicht zu schließen.

Zweimal im Jahr reist, nun mittlerweile seit der Öffnung des Hotels im Jahre 1974, als ich gerade aus den Windeln gewachsen war, ein bemerkenswertes Paar aus Norddeutschland an. Zwei Herren, wie sie —von außen betrachtet— schrulliger nicht sein können. Die Zwei tragen, sobald etwas anderes als Badebekleidung im Tagesbefehl steht, stets weiße Leder-Mokkassins, weiße Leinenhosen und weißgrundige Freizeithemden edler Designer, von denen jedes ungefähr soviel kosten, wie ein gutes Dutzend meiner Uniformhemden.

Die beiden gesetzten Herren der gehobenen hanseatischen Gesellschaft, die vermutlich die Sommer auf Sylt verbringen, sind bis auf den gleichen, quasi als "Partnerlook" zu bezeichnenden Bekleidungsstil, höchst unterschiedlich. So begibt sich der hagere und ältere Herr C. sich quasi täglich auf ausgedehnte Streifzüge durch die mit ihren fleischlichen Lüsten lockenden Dünen, während der etwas untersetzte Herr S. gerne mit den Damen der gehobenen Klasse im Hotel Baccara oder Dame spielt.

Interessanterweise verrieten die beiden mir, dass jeder der beiden trotz "goldener Hochzeit" seine eigene Wohnung daheim unterhält. Selbstverständlich pflegen die Herren langjährige Bekanntschaft mit vielen der ebenfalls regelmäßig wiederkehrenden Stammgäste. Die hervorragende und leider nicht mehr im Unternehmen weilende Gästebetreuerin Montserrat verriet mir in einem unserer regelmäßigen Jour Fixe, dass es regelrechte Rivalitäten zwischen einigen der Stamm-und Dauergäste gibt.

Außerdem ist dann immer "ihr" Zimmer reserviert und erstaunlicherweise klappt diese Zimmerreservierung stets ohne Schwierigkeiten. Die im Erdgeschoss untergebrachte Bar erhielt für die Aufenthaltsdauer die äußerst ernstgemeinte Anweisung in den Abendstunden die laut Musiklautstärke niedrig zu halten, da das die Herren im Zimmer 5 Stockwerke höher stören könnte. Da werden die Beschwerden beim abendlichen Tanzvergnügen wegen zu geringer Lautstärke eben mit einer wegwerfende Handbewegung abgetan bzw. nur mit dem Finger nach oben gezeigt.

Dieses seit Eröffnung erst zweimal komplett umgestaltete Hotel bietet aufgrund seiner exponierten Lage und Bauweise Zimmerkategorien höchst unterschiedlicher Qualität an. Die

Zimmerausstattung ist gleich, ob es sich nun um das behindertengerechte Zimmer im Erdgeschoss mit romantischen Blick auf die Umwandung und die Entsorgungsecke des Hinterhofes des Hotels handelt oder um die Royal Suite, die zwar die doppelte Größe der bereits geräumigen Juniorsuiten hat, aber ausstattungstechnisch nichts aufregend Anderes zu bieten hat. Ach doch, der Etagenkellner richtet auf Wunsch auch täglich ein Rosenblätterschaumbad mit entsprechend kitschiger Bettdeko an.

Denn das, was in diesem Hotel den Ausschlag gibt, ist der Ausblick vom Zimmer. Diese sind so gegensätzlich, dass man es kaum für möglich hält. Denn diese reichen vom Blick auf den Hinterhof mit der Müllecke, auf die Hotelvorfahrt mit entsprechendem Verkehrsaufkommen oder auch zum herrlichen Blick auf den Atlantik oder den kilometerlangen Strand und eine Dünenlandschaft. Und wer einmal einen Lieblingsblick ausgemacht hat, der will ihn immer wieder haben, so wie die Hanseaten, die stets das Zimmer 1524 bewohnen, ein flächenmäßig etwas großzügiges Eckzimmer mit grandiosem Blick.

Weiterhin pflegen diese Herren auch bereits eine engere Beziehung zu den Eigentümern des Hotels. Nach einem Umbau versteckten die sehr eleganten und eloquenten Herren ihre Kritik an der Dekoration kaum. Der Hotelbesitzerin wurde der Geschmack einer Kuh bescheinigt und die neu gestaltete Lobby mit tatsächlich zusammengewürfelt wirkenden Sitzecken aus völlig unterschiedlichen Sitzmöbeln wurde attestiert, dass sie wie das Abhollager von Ikea wirkten. Auch die Umgestaltung der Zimmer, zuvor in freundlichen kanarischen Holz-und Terrakottatönen gehalten, nun mit dunkelblauen Teppichboden, ebenholzfarbigen Möbeln und kartonfarbenen Wand-und Deckenanstrich zwar äußerst zeitgemäss, doch etwas fahl und kalt wirkend, stieß nicht auf Gegenliebe. Gleichermaßen erregten die modernen und abstrakten Kunstdrucke, Massenware aus China, das Missfallen der distinguierten Männer. Herr S. erwähnte, dass er morgens beim Aufwachen vermutete, in einem Pappsarg zu liegen. Um diesen Eindruck abzumildern hatten die Herren im nahegelegenen Ramschbasar extra einige Strandtücher, Pareos genannt, gekauft und über die Kunstwerke gehangen.

Ich lernte die Herren während des internationalen Flugstopps im Jahre 2010 kennen, als wegen der durch den Ausbruch des Vatnajökull auf Island entstandenen Aschewolke so gut wie alle Flüge von und zu den kanarischen Inseln für einige Tage eingestellt werden mussten. Da tauchte das merkwürdige Gespann, aufgrund der erlesenen und teuren Kleidung völlig overdressed, in unserem Büro auf. Dieses ist nun an Bescheidenheit kaum zu übertreffen und liegt außerhalb der Hotelzone in einer Wohn-und Geschäftsgegend der einheimischen Gemeinde im Hinterland des Urlaubsgebietes. So wirkten diese weißen Ritter tatsächlich etwas deplaciert, als sie mir mitteilten, dass sie planten, ihren Aufenthalt zu verlängern um erst einige

Wochen später mit dem Kreuzfahrtschiff "Queen Elizabeth" nach Deutschland zurückzukehren. Dann könnten wir doch ihre Rückflugplätze einige Tage später, aber vermutlich nach Ende der Aschewolke, jemandem anbieten, der den Rückflug dringend benötigte.

Sie hatten schon die Passage auf dem Schiff von ihrem Reisebüro in Hamburg buchen lassen und wollten nun die Hotelverlängerung und Flugabsage in trockene Tücher bringen. Dem Wunsch entsprach ich natürlich und tatsächlich konnten wir einem verzweifelten Gast, der bereits seit Tagen auf heißen Kohlen saß , mit den abgesagten Flugplätzen beglücken, denn er musste ein dringendes Geschäft in Deutschland zum Abschluss bringen.

Gelegentlich kamen die Gäste auch bei Beginn des Aufenthaltes in meine Besuchszeit, um mir mitzuteilen, dass einer der beiden zwischendurch mal für einige Tage nach D zum Arztbesuch fliegen müsse und die entsprechenden Flüge und Transfere über mich gebucht werden sollten. Auch solche Aktionen gehören zur Standardbetreuung der Reiseleitung.

Hingegen verhasst bei allen Reiseleitern sind Geschenkbestellungen aus Deutschland für Gäste. Wenn also Flitterwöchler anreisen, bestellen Angehörige oder auch Reisebüros gerne mal eine Flasche Wein, welche einfach und schnell zu besorgen ist, aber wenn dann schon Grußkarte, Fresskorb, Obstschale oder Schokoladen bestimmter Herkunft auf der Wunschliste stehen, erhöht sich der

Arbeitsaufwand. Dieser wird effektiv nicht honoriert, denn es werden nur die reinen Auslagen für die gekauften Geschenkartikel in Rechnung gestellt.

Vor einigen Jahren machte ich bereits am Flughafen die Bekanntschaft eines gleichfalls sehr bemerkenswerten Gespanns, dass in diesem Hotel abstieg, nämlich Mutter und Tochter. Die Mutter, ungefähr zwanzig Jahre älter als der liebe Gott und bereits auf 1,55 Meter Körpergröße zusammen geschrumpft, im Rollstuhl sitzend mit Krückstock in der knochigen Hand, Überlebende des Holocaust, wie sie mir später erzählte, stieß ihre Tochter, eine ausgesprochen gut gekleidete und hochgebildete Wissenschaftlerin Mitte vierzig, den Stock an den Unterschenkel, als diese sich nicht vordrängte, sondern gesittet wartete, bis sie an der Reihe war. Die Tochter war eine sehr elegante Erscheinung und im Gegensatz zu ihrer sehr extrovertierten Mutter eine sehr zurückgezogen wirkende Frau.

Die ungeduldige Mutter fuhr denn auch sofort der Tochter über den Mund, noch bevor sie mit diesem überhaupt das erste Wort formuliert hatte. Wo denn jetzt der Bus stehe und dass der Fahrer ihr ja bloß mit dem Einstieg in den Bus helfen sollte. Ich wies die Dame darauf hin, dass unseren Fahrern aus versicherungstechnischen Gründen jegliche Hilfestellung beim Ein-und Ausstieg untersagt sei. Natürlich stellte meine Antwort die sehr kratzbürstige Alte nicht zufrieden, und so musste ich mir anhören, wie wenig hilfsbereit und serviceorientiert ich doch wäre.

Nachdem diese Tirade links rein und rechts raus geschallt war, bot ich den Damen unseren Bussammeltransfer mit selbständig zu bewerkstelligenden Ein-und Ausstieg an und offerierte alternativ einen Taxitransfer auf eigene Kosten. Natürlich hievte die alte Dame ihren faltigen Allerwertesten selbständig in den Bus, so eingeschränkt war man anscheinend nicht.

Nun kannte die Mutter bereits durch frühere Aufenthalte das Hotel und offensichtlich auch einige der anderen Gäste. Unter den Gästen befand sich auch ein alleinreisender, da verwitweter Unternehmer, dem die besorgte Mutter mit den wärmsten Worten und wahrscheinlich demütigenden Zusicherungen die eigene Tochter versuchte anzudienen. Einen Höhepunkt des Aufenthaltes war sicherlich die Jagd nach den Lockenwicklern, die laut der Mutter von einem Tag auf den anderen aus der Nachttischschublade verschwunden waren. Trotz intensiver Suche. Selbstverständlich wurde das gesamte Hotelpersonal bezichtigt.

Als ich von dem verschwundenen, extrem wertvollen und unersetzlichen Gegenständen hörte, schlug ich dem Hoteldirektor vor, doch ganz schnell die entsprechende Lockenwickler zu besorgen, denn für die 3 € lohnte der ganze Ärger nicht.

Von der lieben Montserrat erfuhr ich, dass sich die Tochter verschämt an den in den Augen ihrer Mutter idealen Hochzeitskandidaten gewendet hatte, um diesen für das anbiedernde und an Kuppeleien des 19. Jahrhunderts erinnernde Verhalten ihrer Frau

Mama zu entschuldigen. Obwohl die Mutter tatsächlich so wirkte, als ob sie noch alle, wenn auch aus vergangenen Jahrhunderten stammenden Tassen im Schrank hatte, müssen einige davon doch schon erheblich angeschlagen gewesen sein.

Denn nach der Abreise bat mich die Hoteldirektion um Mithilfe bei der Beantwortung eines Briefes, den die Mutter am Abreisetag gerichtet an den Direktor im Zimmer hinterlassen hatte. Dieser Brief war eine einzige Schimpf-und Wuttirade der übelsten Art, in der niemand, der dem alten Kampfdackel zufällig in die Quere gekommen war, ungeschoren davon kam. Doch der Schluss stimmte dann sowohl die Gästebetreuerin als auch mich sehr versöhnlich, da die alte Dame ankündigte, künftig nur noch in einem Nachbarhotel abzusteigen. Zum Glück war dieses Hotel bei uns nicht buchbar und nun hat mal ein anderer Reiseleiter das Vergnügen.

Quer durch alle Dialekte — wo ist die Taste für die Untertitel?!?

Die Wiedervereinigung ist nun bereits dreißig Jahre her und trotzdem kann ich nicht umhin, nur ganz klitzekleine Unterschiede zwischen nord- und süddeutschen Reisenden festzustellen.

Naturgemäß verstehe ich als Kind des Ruhrgebiets diejenigen besser, die das Licht der Welt nördlich von Frankfurt/Main erblickt haben, aber aufgrund jahrelanger Erfahrung im Umgang mit Randgruppen verstehe ich auch ohne Einschalten der

Untertitelfunktion (wäre es schön, wenn es so etwas gäbe) Reisende aus dem Bayerischen Wald, dem Schwarzwald, der Pfalz (suchen sie sich aus, welche...) und Oberbayern recht gut. Selbst Südtiroler geben sich Mühe, verständlich zu reden.

Echte Schwierigkeiten habe ich bei Elsässern, die im bunten franco -deutsch Mix ihr Begehr vortragen. Auch Touristen aus der Schweiz mit Migrationshintergrund sind manchmal eine Herausforderung. Nämlich dann, wenn Deutsch nur in der Ausprägung Schweizerdeutsch gesprochen wird.

Aber auch zwischen West und Ostdeutschland gibt es teilweise Verständigungsprobleme. Natürlich kann ich als inklusionsfördernder Westdeutscher auch den Nord / Ostdeutschen Sonnabend parieren. Auch bei „dreiviertel neun" komme ich nach kurzem Überlegen auf 8:45 Uhr. Nur gibt es teilweise Relikte aus dem DDR -Sprachgebrauch, die auch diejenigen, die dieses Gebilde noch zu Lebzeiten kannten, ins Schleudern bringen.

So kam dann auch ein Ehepaar aus dem wunderschönen Bundesland Sachsen im Jahr 2018 in meine Besuchszeit im Hotel, um sich über die Umgebung zu erkundigen. Da die Gäste aus Desinteresse nicht an meiner regulären Begrüßungsveranstaltung teilgenommen hatte, bat ich sie, mir konkrete Fragen zu stellen. Das gab mir die Gelegenheit, mir die beiden ein wenig näher anzuschauen.

Die Dame trug die Margot-Honnecker-Gedächtnis-Frisur im obligatorischen Lila-Silber-Ton. Also der Lila Drache! Von wegen in Chile gestorben…Außerdem hatte ER bei IHR nicht viel zu melden, sie führte das strenge Regiment.

Trotzdem ließ sich der Ehemann, gekleidet in ordentlich gebügeltem Freizeithemd sowie heller Bermudashorts sowie weißen Strümpfen und Sandalen, dazu hinreißen, eine Frage zu stellen. „Nu, wenn sie üns mol sachen kennten, wo hier ein HÖ ist."

Ich hielt mich an den Armlehnen des Stuhls fest, um nicht sofort von selbigen runterzukippen und gleichzeitig musste ich einen Lachflash unterdrücken. Ich gab vor, über diese Frage nachzudenken um schließlich zu sagen: „Also hier die Straße hinauf, da finden Sie einige kleine Supermärkte und im Einkaufszentrum dann auch weitere Bekleidungsgeschäfte. Meinten Sie das mit HO?"

Ja, das hatte er gemeint. Er trug übrigens eine Frisur, für die ich nur einen westdeutschen Vergleich hatte : Ernst -Huberty -Schiebedach. Ein sehr zeitgenössisches Paar halt!

Im Übrigen wird beim kanarischen Karneval natürlich auch der einkommensteigernden Urlaubern gedacht: An einem der Karnevalstage wird der „Día del Turista" begangen. Hunderte von Inselbewohnern laufen dann mit weißen Socken in Sandalen sowie bunten Hawaiihemden zu den dreiviertellangen Shorts herum. Aber auch die Nachahmung der Urlauberdamen gerät bisweilen an

Grenzen: So alte und ausgeleierte fleischfarbene Büstenhalter kann man gar nicht mehr in den Altkleidercontainern aufstöbern, wie sie in der Realität gerne mal von insbesondere skandinavischen und britischen Besucherinnen natürlich ohne Oberteil zu Shorts und Birkenstöckern getragen werden, und das leider auch mitten in den Einkaufszonen oder beim Minigolfspiel.

Von einem HUGO wird man nicht beschwipst

Natürlich herrschen in einem Tourismusgebiet Sonnenschein und gelöste Stimmung, oft auch begleitet von dem sprichwörtlichen unverzichtbaren Dreier, nämlich Wein, Weib (Kerl geht auch) und Gesang. Trotzdem ist ein HUGO in der Reiseleiterzunft in etwa so beliebt wie eingewachsene Fußnägel oder Hämorrhoiden.

Denn hier ist jetzt weder von dem leichten und erfrischenden Cocktail mit Holundersirup die Rede noch von „Boss" junger Modelinie. Hier geht es um die treffenderweise sogenannten „kalten Abreisen", anders gesagt, das unvermutet eintretende Lebensende von Urlaubsgästen.

Dabei hat sich eben in Tourismuskreisen, wohl ausgehend von der Luftfahrt die Bezeichnung „HUGO" für Verblichene eingebürgert. Denn wenn man in Gegenwart anderer Gäste einen nicht abzuweisenden Anruf auf der Notfalltelefonnummer erhält und dieser Anruf nicht gerade in der Landessprache geführt wird, die die anderen Gäste hoffentlich wie meistens nicht verstehen, ist es wenig elegant, dann Substantive wie gerade für die gepflegte Konversation hilfreich wäre. Also HUGO passt gut.

Trotz der natürlich für den verstorbenen insgesamt zwar unangenehmen, aber für ihn in aller

Regel nicht mehr spürbaren Situation, gelingt es oftmals den überlebenden Angehörigen noch viel absurdere Ereignisse heraufzubeschwören.

So kamen Hilde (72) und Eberhard (74) M. aus dem kalten Deutschland, genauer gesagt aus dem ostwestfälischen und erzkatholischen Detmold auf der sonnigen Kanareninsel an. Ein vierwöchiger Aufenthalt im 'Don Cristo', einem einfachen Apartmentmenthaus mit Ein -Zimmer -Apartments, erwartete die Zwei. Ihr sogenanntes Studios, ein etwas geräumigeres Zimmer mit kleiner Küche, der Kitchenette, in diesem Fall sogar noch mit einem kleinen Tresen vom Wohn/Schlafraum getrennt und selbstredend dem Bad, war einfach und mit ausreichend Stauraum ausgestattet und bot auch einen Balkon mit Blick zum Pool und zur Straße. Da die beiden schon öfters ihren Urlaub so verbracht hatten, war alles eingespielt. Koffer wurden ausgepackt und dann machte sich Frau M. auf den Weg zum nahegelegenen Supermarkt, um das notwendigste für das Abendbrot am Anreisetag und das am nächsten Morgen vorgesehene Frühstück einzukaufen.

Am nächsten Tag wollten die Eheleute mit dem eigens hierzu angeschafften und im Reisegepäck mitgebrachten „Hackenporsche" aus leichtem, aber stabilen Aluminiumrohr zum Großeinkauf in den Lidl starten. Dorthin wollte man sich auf Schusters Rappen begeben, um den Preisvorteil beim Discounter Einkauf nicht durch eine Taxifahrt von nur 4 EUR pro Strecke zu schmälern. Lieber verzichtete man auf einige Kleidungsstücke und brachte stattdessen Waschmittel (nein, „Rei in der Tube" ist zu teuer, in ein kleines Fläschchen abgefülltes Waschmittel von zuhause reicht auch!) für den Waschgang im Waschbecken für zwischendurch mit, um den superleichten Einkaufshelfer mitzunehmen, der den Transport der Einkäufe etwas erleichterte. Aber so weit sind wir noch nicht.

Als sich nämlich Hilde M. auf den Weg zum recht überteuerten und nicht so 'deutsch' sortierten Supermarkt machte, begab sich ihr Gatterich auf den Weg zur Rezeption der Apartmentanlage um das kostenpflichtige Erwachsenenfilmangebot freischalten zu lassen.

Nein, keine kettensägenden Zombiestreifen, sondern schlicht und ergreifend Pornofilme. Eine zusätzliche Einnahmequelle für den Betreiber der Anlage neben den ebenfalls kostenpflichtigen Safes und WLAN. Auf die Idee mit den Pornokanälen war übrigens einer der Rezeptionisten gekommen, nicht ganz uneigennützig, wie man feststellen konnte, wenn man mehr als einmal die Rezeption besuchte. Da lief denn dann auf einem TV direkt über der Eingangstür zur Rezeption, natürlich stummgeschaltet, die neueste Ausgabe von 'Heiße Nonnenschenkel entzünden den Vatikan' oder irgendein anderer nicht jugendfreier Film. Sofern die durch die Tür eintretende Person nicht das Vertrauen des Rezeptionisten genoss, schaltete dieser rasch auf ein unverfängliches Programm um, sonst konnte der staunende Besucher eben per Schulterblick auch die warmen Beine stumm stöhnender, vermeintlicher Ordensschwestern bewundern. Ansonsten kümmerte sich B., der Rezeptionist, gerne auch mal um das leibliche Wohl alleinreisender Damen, sofern diese Bedarf erkennen ließen und meistens im dankbaren Alter für die besondere Aufmerksamkeit des feschen Einheimischen waren.

Nachdem Herr M. also den Obolus für das Ferkel TV entrichtet hatte (vermutlich wurde bei diesem Besuch der Kanal am Rezeptions TV nicht gewechselt, da Herr M. ja quasi zum Vertrauenskreis gehörte), zog er sich also in seine Unterkunft zurück und begann, das freizügige Programm zu konsumieren und sich dabei Freuden zu spenden, die seine seit knapp 48 Jahren Angetraute ihm augenscheinlich verweigerte. Anscheinend regte ihn der Film 'Cubanas a la francesa' (freie Übersetzung : Kubanerinnen machen es französisch) so sehr an, dass er einen Herzinfarkt mit Todesfolge jedoch ohne happy ending erlitt.

Gefunden wurde der Verblichene schließlich kurze Zeit später von seiner unversehens frisch gebackenen Witwe, als diese mit Einkaufstaschen beladen dann zur Unterkunft zurückkehrte. Sie sprach ihn an, keine Reaktion, schütteln und auf die Wangen tätscheln half auch nichts. Da lag Eberhard nun, entblößt am Unterleib, auf dem Bett, gegenüber der laufende Röhrenfernseher, auf dessen Bildschirm sich hyperpigmentierte Bewohnerinnen von Castros Insel weiterhin mit ihren fremdsprachigen Hausaufgaben an ebenfalls dunkelhäutigen, beeindruckend ausgestatteten Männern abmühten und dabei alles außer echten französischen Vokabeln von sich gaben. Denn im Gegensatz zu B. in der Rezeption hatte der blasse Eberhard den Ton nicht auf Null gestellt.

Frau M. ließ also die Einkaufstaschen stehen und eilte hinunter zur Rezeption. Dort erklärte sie, dass ihr Mann bewusst- oder leblos auf dem Bette lag und wohl ein Notarzt vonnöten sei. Diesen rief B. auch herbei, die Notrufzentrale stellte einige Fragen bezüglich der Symptome. Der Rezeptionist konnte diese Fragen mehr schlecht als recht beantworten und bat dringend um das Erscheinen der Ambulanz. Diese traf dann auch nur Minuten später ein, konnte allerdings nur noch den Tod feststellen. Einer der Sanitäter deckte wenigstens den Leichnam mit einem Laken zu, daran das TV abzuschalten, dachte jedoch niemand. Da nun auch die Polizei verständigt wurde und der Rezeptionist die Agentur des Reiseveranstalters angerufen hatte und der zuständige Reiseleiter kurz vor der Polizei eintraf, herrschte im Studio ein Betrieb wie im Taubenschlag.

Der Reiseleiter sprach Frau M. das Beileid aus und nahm schon mal die Ausweisdaten des Verstorbenen auf, bevor die Polizei diesen unwiderruflich einsackte. Außerdem informierte er Frau M. vorsichtig über die nun folgenden Schritte. Das zunächst einmal die Polizei den Fundort in Augenschein nehmen würde, der Gerichtsmediziner eine erste Untersuchung durchführen würde, bevor der Leichnam nach der Freigabe durch den Forensiker in das gerichtsmedizinische Institut in der Hauptstadt der Urlaubsinsel überführt würde und die Polizei ihr mitteilen würde, wann sie sich im Amtsgericht zur Erstellung der Sterbeurkunde einzufinden haben würde und das man sie hierzu auch seitens der Reiseleitung begleiten würde. Außerdem erwähnte der Kollege bereits die Möglichkeit nach einem früheren Rückflug zu schauen, sobald alle Einzelheiten bezüglich der Überführung geklärt sein würden.

Mein umsichtiger Kollege hatte zwischenzeitlich den Fernseher ausgestöpselt, da die Fernbedienung nicht auffindbar war und vermutlich mit Eberhard unter einer Decke steckte. Ruhe im Stall! Außerdem zog der Reiseleiter einen der Küchenstühle so an den Küchentresen, dass er den ewig Ruhenden nicht im Blickfeld hatte. Die Witwe zeigte sich erstaunlich gefasst und fragte, ob denn eine Beisetzung nicht auch auf der Urlaubsinsel möglich sei und sie wohl eigentlich den Urlaub bis zum Ende durchziehen wollte. Der verdutzte Urlaubsbetreuer versuchte Frau M. zu beschwichtigen und riet ihr, sich hierüber zu gegebener Zeit nochmal Gedanken zu machen, etwaige andere Angehörige hierzu einzubeziehen und den Schock doch erstmal zu bewältigen. Frau M. seufzte vernehmlich und stieß Luft durch die Zähne aus mit dem TSTSTSTS -Geräusch.

Dann wandte sie sich ihren Einkaufstaschen zu und begann, die eingekauften Lebensmittel im Kühlschrank zu verstauen, jedoch ließ sie ein Paket mit gekochtem Schinken, Butter und Brot außen vor.

Unvermittelt öffnete sie einen der Küchenschränke und nahm einen Teller heraus und begann damit, ein Butterbrot zu machen und sich eine Flasche Bier zu öffnen.

Meinen Kollegen bot sie ebenfalls einen Imbiss an, den dieser, nachdem er seine heruntergeklappte Kinnlade wieder unter Kontrolle und in ihren normalen Ruhezustand gebracht hatte, ablehnte. Ob dieser bemerkenswerten Wendung in der Trauergeschichte murmelte der sichtlich irritierte Kollege eine Entschuldigung und verließ die hungrige Witwe um auf dem Laubengang auf den Gerichtsmediziner zu warten.

Als dieser eintraf, wischte sich Frau M. ein paar Krümel vom Mund um die auf spanisch bezeugte Beileidsbekundung des Arztes entgegenzunehmen. Mein Kollege übersetzte für sie die Aufforderung, das Studio zu verlassen, damit der Forensiker seines Amtes walten konnte.

Das ging dann auch recht zügig über die Bühne, sodass die ebenfalls mittlerweile eingetroffenen Leichenwagenfahrer ebenfalls in Aktion treten konnten. Nachdem Herr M. dann also in das Fahrzeug verladen worden war und die Polizisten die Übersetzung der Vorladung zum Amtsgericht am nächsten Vormittag aufgetragen hatte, konnte sich mein Kollege dann aus dieser makaber wirkenden Situation gänzlich verabschieden und atmete erleichtert auf, als er feststellte, dass er Frau M. am nächsten Tag nicht zum Gericht begleiten musste, da er seinen freien Tag hatte.

Diese Aufgabe wurde einem anderen Mitarbeiter zuteil, der später ebenfalls erstaunt davon berichtete, wie gefasst Frau M. nach wie vor auftrat. Diese machte ihre Drohung war und lies ihren Eberhard nach der Einäscherung direkt in einem anonymen Grab auf einem Urnenfeld beisetzen, ohne Trauerfeier, ohne alles quasi. Ob die Fernsehgewohnheiten diese schmucklose Entledigung ihres verstorbenen Gatten bedingt haben, werden wir nie erfahren. Jedenfalls verbrachte sie ihren Urlaub bis zum geplanten Abflug ohne großes Aufheben. Anscheinend teilte sie die Vorliebe für das Urlaubsdomizil nicht, denn Frau M. erfreute die Insel nicht mit einem neuerlichen Besuch.

In diesem Fall war ja nun eine Familienangehörige zugegen, anders verhält es sich beim Ableben alleinreisender Gäste. Diese sind die Steigerung des ohnehin schon nicht beliebten Todesfalls. Denn oft genug passiert es der herbeigerufenen Reiseleitung nach erfolgtem Abtransport des verschiedenen Urlaubers, dass sie die Koffer für den Gast packen muss. Die wenigsten aus dem Leben Gerissenen finden noch die Zeit, ihre sieben Sachen vor dem unerwarteten Ereignis zu packen, auch nehmen beim Suizid Erfolgreiche auf ihre Nachwelt in aller Regel keine Rücksicht. Seitdem mir der erste HUGO vor der Nase weggetragen wurde und ich das Gepäck des Herren packen musste, habe ich immer Einweg-Handschuhe im Auto. Denn man dringt sozusagen in das Privateste des Gastes ein, in das man eigentlich nie die Nase oder auch nur die Hände stecken wollte.

Insbesondere erstaunt ist man angesichts der mitgeführten batteriebetriebenen Gerätschaften in bunten Farben und Zapfenform einiger Damen und Herren, wie diejenigen mit ihrer benutzten Unterwäsche umgehen oder, im erfreulichsten Fall , wie ordentlich alles Bereitliegt und man dann nur noch alles stress-und ekelfrei in den ausreichend groß bemessenen Koffer legen muss, während man sich in anderen Fällen mit dem Hinterteil auf den Koffer sitzen muss, um diesen zu schließen.

Hinter den Kulissen— Ihr
Backstage Ticket

Solange bei einer Pauschalreise alles rund läuft, werden die meisten Urlauber sich wohl keine großartigen Gedanken dazu machen, was hinter den Kulissen so geschieht. Und da ist einiges im Gange, seit Sie im Reisebüro oder im Internet den Urlaub gebucht haben. Aus dem Buchungssystem des Reiseveranstalters werden die Provisionsabrechnung für das Reisebüro, egal ob bei Ihnen um die Ecke oder im Internet, erstellt, die Reservierung wird an die Vertretung des Reiseveranstalters vor Ort geschickt, die Passagierlisten für die Flüge werden aktualisiert und regelmäßig an die Fluggesellschaften übermittelt.

Grundsätzlich kommen faire und gerechte Preise, allen in der Wertschöpfungskette direkt oder indirekt beteiligten Akteuren wie Reisebüros, Reiseveranstaltern, Sammel- oder Individualtransportunternehmen auf dem Wasser, auf dem Land und/oder in der Luft, Flughafen etc. zu Gute; das ist eine sicher noch unvollständige Aufzählung nur derer, die in der Heimat am Gelingen Ihrer Pauschalreise beteiligt sind.

Im Urlaubsgebiet obliegt die Reiseorganisation dann den Augen, Ohren und Händen der Reiseveranstalter, den Incoming Agenturen, zu denen eben auch mein Arbeitgeber gehört. Wir, die

Mitarbeiter/innen verfolgen die Ankunft Ihres Fluges, haben das für Ihre Fahrt zum Hotel oder auch zum Kreuzfahrthafen (fraglich, ob diese in naher Zukunft wieder stattfinden können) vorgesehene Transferfahrzeug geordert und werden Sie über Servicezeiten und Kontaktdaten der Reiseleitung in den Hotels informieren. Dabei kann es passieren, dass Sie bereits am Flughafen Ihre Reiseleitung kennenlernen. Mitarbeiter der Reservierungsabteilung haben Ihre Reservierung natürlich erst nach Klärung Ihrer Frage nach den Einzelheiten zur Benutzung des mitgebuchten Spa Bereichs, Ihre Reservierung mit dem Wunsch nach einem Zimmer direkt zur Promenade und zum Meer direkt an das Hotel weitergeleitet. Und selbstverständlich haben auch die Mitarbeiter und Eigentümer der Hotels und alle abhängig oder selbstständig Beschäftigten in den vorgenannten Teilbranchen der Tourismusindustrie, auch die bisher noch nicht erwähnt wurden, wie Großküchen, die das Catering in den Hotels übernehmen, zum Teil auch das dortige Küchenpersonal stellen, Wäschereien, Reinigungs- und Sicherheitsunternehmen, Gärtnereien, Poolservice und und und ihren mehr oder weniger großen aber durchaus bedeutenden Platz in der Fabrik, die Ihren Urlaub produziert.

Und glauben Sie mir, in dieser Fabrik ist das Fließband ähnlich dicht getaktet wie in anderen Branchen. Im übertragenem Sinne heißt das, dass die sogenannte Personaldecke, eine verachtende und hässliche Typifizierung für arbeitende Menschen, in den vergangenen Jahren immer fadenscheiniger geworden ist. Die Folgen der Finanzkrise um 2008 wurden dabei gelegentlich bis kurz vor der Covid-19 Pandemie von völlig unverfrorenen Arbeitgebern selbst nach einigen fetten Jahren noch angeführt, um Einkommenseinschnitte oder Erhöhung des Arbeitspensums der verteidigungslosen Belegschaften zu rechtfertigen. Kurz sei klargestellt, dass ich sehr gerne für meinen Arbeitgeber tätig bin, da die Bedingungen im lokalen Vergleich vorzüglich und fair sind.

Damit eben, trotz gestiegener Kosten für die allermeisten Waren, die für die Reise nötig sind, die Preise wettbewerbsfähig bleiben, wird an den Kosten der Arbeitskräfte nach unten geschraubt.

Dieser Strategie hat sich in den letzten Jahren insbesondere bei den Touristikkonzernen etabliert, da das diese Unternehmungen stützende Kapital ungefähr so treu ist, wie eine Nymphomanin einem Impotenten. Meinetwegen auch wie ein Sexsüchtiger einer Frigiden oder ein Marienkäfer dem Partner.

Denn das Kapital sucht nach immer höheren Renditen und die Manager der großen Touristikkonzerne scheinen ihr Augenmerk eher auf die Steigerung des Shareholder -Value gelegt zu haben, als auf die zur Erreichung desselben langfristig notwendigen Kriterien Kunden-, Leistungsträger- und Mitarbeiterzufriedenheit. Leistungsträger ist hier übrigens nicht der Manager oder ein überaus fleißiger Mitarbeiter, sondern die

Erbringer der Transport-oder Beherbergungsleistung. Denn kurzfristig lässt es sich zwar gut mit ausgepressten Hotels, Fuhrunternehmen und Mitarbeitern leben, aber auf die lange Sicht findet hier eine Verlagerung von Gewinnen trotz unveränderter Wertschöpfungskette weg von den Leistungsträgern und Mitarbeitern hin zum Reiseveranstalter.

Zahmer und mit mehr Fokus auf Wachstum durch Reinvestition von Gewinnen und Zufriedenheit der Kunden und Mitarbeiter sowie mit fairen Bedingungen für alle Geschäftspartnern präsentieren sich die eher mittelständisch geprägten Reiseveranstalter, die die Mehrzahl am Markt repräsentieren. Jedoch sind es die Konzerne, die den Reisemarkt dominieren.

Die Pleite von Thomas Cook (TC) hat riesige Löcher in die Kassen der Hotels, Wäschereien, Cateringfirmen und Ausflugsveranstalter gerissen, um nur die am stärksten betroffenen zu nennen.

Viele der Mitarbeiter in den Zielgebieten, die bei zum TC Konzern gehörenden Tochtergesellschaften angestellt waren, haben nicht nur ihren Arbeitsplatz verloren, sondern haben noch große offene Forderungen gegenüber ihren ehemaligen, insolventen Arbeitgebern.

Denn zur Optimierung der Rendite setzte Thomas Cook massiv auf die volle und schamlose Ausnutzung von immer längeren Zahlungszielen, die den Geschäftspartnern unter Deutlichmachung der Marktmacht abgetrotzt wurden.

Zusammen mit der Verwendung der als Anzahlungen erhaltenen Kundengeldern zur Finanzierung von Garantiedeposits bei den Hotels (Vorauszahlung von Zimmerkontingenten, die naturgemäß den Einkaufspreis erheblich reduzieren und so einen höheren Gewinn ermöglichen) ergibt das eine toxische Mischung an Missmanagement, die sowohl Kunden als auch Lieferanten verheerend getroffen hat.

Ohne Einspringen des Staates für die Sicherstellung der nicht durch die nur zu diesem Zwecke vorgesehene Kundengeldversicherung abgesicherten Anzahlungen wären, ebenfalls dank der Bräsigkeit des Gesetzgebers, viele Verbraucher auf den verlorenen Anzahlungen sitzen geblieben.

Ich finde es bezeichnend und beschämend, wie der Gesetzgeber sich über den beabsichtigten Zweck der Kundengeldabsicherung im Interesse der Reisebranche und gegen die absolut und nicht verhandelbaren Ansprüche der Verbraucher hinweggesetzt hat. Ganz ungestraft geschah dies nicht, denn in einer Nacht- und Nebelaktion wurde zur Verhinderung von Protesten und Klagen den geschädigten Kunden von Thomas Cook Ersatz für die in der Insolvenz verschwundenen Kundengelder geleistet. Bezahlt wurde diese Aktion aus dem allgemeinen Haushalt, also vom Steuerzahler. Eine Vergemeinschaftung von Verlusten, wie in so vielen anderen Fällen.

Ich habe keine Ahnung, wie bei der Einführung der §§651 r und 651 w BGB und der

Vorgängerregelung verhandelt wurde. Aber anscheinend hat die Tourismuslobby zusammen mit Vertretern der Versicherungswirtschaft gute Arbeit geleistet und den Tourismusbeauftragten der Bundesregierung und alle sonstigen am Gesetzgebungsverfahren beteiligten Parteien richtiggehend und gründlich über den Tisch gezogen! Glückwunsch dazu und zum völlig überraschten Gesichtsausdruck, als offensichtlich wurde, wie schwach die eigene Arbeit zu bewerten ist.

Denn statt eine vollumfängliche Absicherung für jeden einzelnen Veranstalter zu verlangen, kann jeder Versicherer, unabhängig von dem von ihm eigentlich abzusichernden Gesamtbetrag der Kundengelder seiner Versicherungsnehmer, seine Haftung auf maximal 110 Millionen Euro begrenzen! Wohlgemerkt nicht pro Police, nein!!!, für die gesamte Versicherungssparte! Stellen Sie sich bitte vor, ein Kfz -Haftpflicht -Versicherer begrenzt seine Gesamthaftung auf so einen Betrag und Ihnen fährt jemand im November ins Auto, der leider dort versichert ist, wo schon der Maximalbetrag erreicht wurde. Unvorstellbar!

Nun, auf den ersten Blick hören sich 110 Mio. Euro nach viel Geld an, ist es aber wie im Falle Thomas Cook nicht wirklich. Denn die betroffenen Gäste, die im Vertrauen auf den bei Buchung ausgestellten Sicherungsschein kritiklos ihre Anzahlung von zumeist 20 % des Reisepreises geleistet haben, sind seitens des eigentlich in „Insolvenzminiteilversicherer" umzubenennenden

Assekuranzgesellschaft nur mit einer Quote von 17,5% entschädigt worden, für die übrigen Gelder in Höhe von bis zu knapp 240 Millionen Euro haftet seit Mai 2020 die Bundesregierung, die hier mit Ihrem Steuergeld einspringt.

Mir ist es völlig unverständlich, dass der Gesetzgeber eine Regelung der EU zum Verbraucherschutz so pervertieren konnte. In einer Bananenrepublik würde mich das nicht wundern, vor allem würde ich mir die Frage stellen, wer davon wie profitiert hat.

Denn auch die im Zuge der Pleite von TC getroffenen Aussagen, man wisse nicht, wieviel an die Kunden zurückzuzahlen sei, lässt entweder auf eine glatte Lüge oder auf einen Verstoß gegen die einfachsten und grundlegenden Grundsätze der doppelten Buchführung in Konten schließen. Ich denke, jeder im kaufmännischen Bereich tätige wird mir beipflichten, das diese Aussagen schlicht unglaubwürdig sind. Ein aktueller Fall in einer ganz anderen Branche (Wirecard) zeigt ja auch, das Buchhaltung ein überaus kompliziertes Geschäft ist, das es selbst für hochgejubelte Wirtschaftsprüfer möglich ist, Milliardenfehlbeträge einfach zu übersehen.

Insgesamt lässt die Vorgehensweise der Verantwortlichen nur den Schluss zu, dass man der Tourismus-und Versicherungswirtschaft mit derart für den Verbraucher unvorteilhaften Regelungen bewusst einen Vorteil verschaffen wollte.

Das Einplanen der Anzahlungen der Kunden ist sicherlich legitim und ist Bestandteil des Geschäftsmodells, jedoch zeigt sich auch jetzt bei denen durch die Corona-Pandemie nötig gewordenen Rückzahlungen, dass Deutschlands Branchenprimus ohne Hilfe des Staates nicht überlebensfähig ist. Statt hier den Markt über ein nicht tragfähiges Geschäftsmodell entscheiden zu lassen, dessen Schwächen schon vor Corona bestanden, aber wie so vieles erst durch diese Krisensituation ans Licht gekommen sind, stützt man mit großzügigen Finanzmitteln einen skrupellosen, mittlerweile zu erheblichen Teilen durch einen russischen Oligarchen gehaltenen Ausbeuterkonzern.

Ich wünsche mir, dass alle Veranstalter ihrem individuellen Umsatz und Risiko entsprechend die Prämien für eine 100 % -ige Insolvenzversicherung bezahlen und bei künftigen, sehr wahrscheinlich zu erwartenden Insolvenzen die Kunden ohne wenn und aber schnell entschädigt werden. Denn die jetzige Regelung ist dem Sprichwort *Wasch mich, aber mach mich naß* nachempfunden.

Wie bereits erwähnt, mussten auch die in früheren Jahrzehnten recht gut verdienenden Reiseleiter der Konzerne Federn lassen. Da dies bei den Incoming - Agenturen der mittelständischen Veranstaltern nicht oder nicht in diesem hohen Maße geschehen ist, schauen die Mitarbeiter der *Großen* mittlerweile nicht mehr so bemitleidend auf die *Kleinen* wie in der Vergangenheit.

Der Blick in die Zukunft ist zur Zeit durch großen Unwägbarkeiten versperrt. Sicher wird sich der Tourismus nach Corona erholen, ob er sich aus dem zwangsläufigen Teilwinterschlaf allerdings in gewohnter Form und Masse wieder zurückmeldet, bleibt zweifelhaft. Auch in der Betreuung der Reisenden durch die Reiseveranstalter vor Ort sind einschneidende Änderungen zu befürchten. Thomas Cook hatte im Sommer 2019 angefangen, die über Jahrzehnte gewohnten Informations- und Rückreiseordner aus den Hotels zu entfernen.

Den Kunden wurde die dort enthaltene Informationen nur noch online zur Verfügung gestellt. Da auch der andere große Anbieter damit experimentiert hat und die COVID -19 Maßnahmen die Verwendung von Informationsordnern verbieten, werden Sie sich in den nächsten Jahren von diesem Relikt aus der Vergangenheit, das aber gerade für das nicht online -affine Publikum recht nützlich ist, denn es offline Verfügbar und schneller zu durchdringen als eine Applikation auf dem Smartphone.

Die Abschaffung der Infoordner der Reiseveranstalter ist nur der erste Schritt in die Rationalisierung der Reiseleitung. Als Nächstes werden abgelegenere und nicht stark frequentierte Hotels nicht mehr persönlich durch eine Reiseleitung betreut, sondern nur noch per Telefon. Und dahingehend wird sich das Berufsbild der Reiseleitung ändern, Kunden werden ausschließlich zentralisiert telefonisch betreut und nur im absoluten Ausnahmefall, bei Reklamationen zu deren Klärung eine Prüfung vor Ort unerlässlich ist, geht ein Vertreter vor Ort ins Hotel.

In Ihrem und meinem ureigensten Interesse drücke ich uns die Daumen, dass es bis zur vollständigen Umsetzung solcher Vorhaben noch sehr lange dauert, bis zur Rente wäre nicht schlecht.

Urlaub unterm Regenbogen

Speziell eine kanarische Inseln erfreut sich ganzjährig ungefähr gleicher Beliebtheit wie Ibiza und Mykonos beim schwulen Publikum. Ich werde hier natürlich dem Meisterwerk und Klassiker '*Elvira auf Gran Canaria*' keine Konkurrenz machen.

Aber ein paar warm angehauchte Geschichten aus dem Bauchladen der **Reiseleiterschlampe**, wie mich freundschaftlich -ätzend ein Barkeeper in einer Gay -only Anlage den anwesenden Gästen regelmäßig lauthals ankündigte, sollen hier auch zum Besten gegeben werden.

Daher empfehle ich empfindsamen Gemütern, bis zum Nachwort weiterzublättern, denn einige Passagen sind recht explizit. Ich warte dann mal, bis Sie weitergeblättert haben…

Sooooo, dann wären wir Betschwestern ja alleine. Daher werde ich jetzt dem Ambiente wegen ins „Du" wechseln. Zunächst möchte ich Dich ein wenig an das Thema heranführen. Die reiseerfahrene Schwester möge mir die Langatmigkeit verzeihen.

Das allein schon die Nennung „Gay" in der deutschen Gesellschaft nicht immer die Assoziation „schwul" auslöst, hat schon mit nicht „gay" Gästen zu Problemen geführt. Und das nicht nur bei älteren Gästen oder bei aus anderen Kulturkreisen Zugewanderte. Selbst Reisebüromitarbeiter sind zum

Teil überfordert, wie die folgenden zwei Geschichten verraten.

Eines Tages ruft mich mein Kollege vom Flughafen an, denn er sah sich plötzlich mit zwei recht beeindruckenden Problemen konfrontiert. Diese gehörten als Busen zu einer attraktiven jungen Litauerin, wie die Reiseunteragen verrieten. Die Gäste waren am Vortag von Litauen der größeren Auswahl und der günstigeren Preise wegen nach Frankfurt geflogen und hatten bei einem dortigen Reisebüro mit Abflug am nächsten Tag 14 Tage Kanaren gebucht. Die vom Reisebüro empfohlene Unterkunft „Bungalows Guacimara – Gay Only" war nun die falscheste Wahl. Denn in der Hotelbeschreibung wurde eindeutig darauf hingewiesen, dass die Buchung nur für Männer ab 18 Jahre möglich sei. Allerdings sind die Reservierungssysteme ein wenig veraltet und somit keine Kontrollen von Geschlecht oder Anrede in automatisierter Form möglich.

So stand das nur des Englischen als Verständigungssprache mächtige Paar nun bei meinem Kollegen und wollte in eben diese Anlage gefahren werden. Mein Kollege sah die Schwierigkeiten beim Check -In in der Ferienanlage voraus und wollte von mir als Reiseleitung der Anlage nun wissen, was er tun solle.

Ich fragte ihn, ob er sich denn sicher ist, dass die Dame auch tatsächlich eine Dame sei. War er, Orginalton „Solche Hupen kann man nicht drantackern!" Nachdem also dieser Zweifel

163

ausgeräumt war, bat ich ihn, die Gäste zu fragen, ob sie denn mit Absicht und Bedacht gerade diese Unterkunft gebucht hat. Nein, den Gästen war es nicht bewusst gewesen, was mein Kollege ihnen nun erklärte. Nämlich dass dort ausschließlich Männer untergebracht sind, dort die Losung „clothing optional" gilt und wir ganz bestimmt etwas anderes finden, eine „Gay & Friends" Anlage vielleicht? Nein, aufgrund ihrer katholischen Erziehung und Verschrobenheit wollten sie das auf keinen Fall. Allerdings war das die einzige Möglichkeit, die Gäste nun zügig unterzubringen. Ich versprach den Gästen, andere Unterbringungsmöglichkeiten zu prüfen und impfte im Anschluss die Rezeption der „Gay & Friends" Anlage, den Gästen einen ruhigen und weit vom geschehen gelegenen Bungalow zuweisen.

Anscheinend konnte die Damen es nicht abwarten, den Poolbereich in Augenschein zu nehmen, kaum dass sie an der Rezeption angelangt war. Dort hätte man glauben können, dass das abendliche Barbecue auf den Nachmittag vorverlegt worden ist, da jede Menge Würstchen um den Pool säuberlich in Reih und Glied gruppiert lagen. Dieser Anblick war dann zuviel für die wohl sehr behütet aufgewachsene Litauerin. Sie stand kurz vor einem Nervenzusammenbruch.

Glücklicherweise hatte ich zwischenzeitlich eine andere „normale" Unterkunft ausfindig gemacht und schlug den Gästen vor, sich diese Ferienanlage, gleichfalls zentral im Ort gelegen, anzusehen.

Die Litauer akzeptierten diese Unterbringung, reklamierten jedoch im Nachhinein die Geschehnisse. Da ich die Kuh recht zügig und ohne Kosten vom Eis bekommen hatte, war ich aus dem Schneider, aber nicht das Reisebüro. Dem wurde nämlich die den Kunden kulanzhalber zugestandene Entschädigung von der Provision abgezogen.

Auch ein aus Polen stammendes Ehepaar konnte mit „Gay only" nichts anfangen. Deswegen buchte man einfach die auf den Fotos sehr ansprechende Anlage. Bei Ankunft fiel das nicht weiter auf, da die Gäste nur von einem Fahrer am Flughafen in Empfang genommen wurden und auch dem Nachtwächter, der dem Herren die Schlüssel für den Bungalow aushändigte, hatte keine Chance etwas zu merken, denn die Dame wartete wohl derweil vor der Tür.

Erst am nächsten Morgen, als die Gäste sich an der Poolbar Badetücher abholen wollte, stutzte der Barkeeper und verständigte uns. Auch diesen Gästen konnte recht unkompliziert geholfen werden. Da sich nur wenige Gäste in der Anlage befanden, wunderten sich die Polen, warum sie denn nicht da bleiben konnten. Es wäre doch sehr hübsch und solange man nicht verpflichtend schwul sein müsse, fände man das gar nicht so schlimm. Nun wollten wir den wenigen Gästen trotzdem nicht zumuten, den neugierigen bis empörten Blicken eines heterosexuellen Paares ausgesetzt zu sein. Schließlich hatten sie beim Buchen darauf Wert gelegt, „Gay only" zu bekommen.

Der Wein war voll was für'n Arsch! — oder: Eine Flasche Wein geht noch rein! — oder: Dafür reißt man sich gerne mal den Arsch auf

"Bei einer handgreiflichen Begegnung des Reiseteilnehmers mit einem Dritten kam es, trotz Einvernehmlichkeit bei der Durchführung selbiger, zu einer Umgestaltung der Unterkunft, die leider nicht vom Hotelier begrüßt wurde. Daher ist die Rechnung für Reinigung und Ersatz Mobiliarteile in Höhe von 600 € absolut gerechtfertigt. Die Einzelheiten erläutere ich lieber telefonisch. " Das ist die sperrigste Erklärung, die ich je als Antwort auf eine Reklamation geschrieben habe. Üblicherweise wird man als Reiseleiter über Reklamationen, die beim Reiseveranstalter in Deutschland eingehen, informiert und in aller Regel auch um Stellungnahme gebeten. So auch in diesem Fall. Da reklamierte der Reiseteilnehmer, dass er (52, Wohnort Schweinfurt (!), sitzt seitdem nicht mehr gerne lange still) während seines Aufenthaltes 600 € für Reinigungskosten an den Chef der Bungalowanlage zahlen musste und ihm das doch ein bisschen viel erschien. Vor Ort habe man sich leider auf einen Rabatt nicht einlassen wollen, auch habe man keine Belege für die einzelnen Kosten gesehen, ob man jetzt im Nachhinein nicht auch noch was machen könnte?

Nein, konnte man nicht. Wollte man nicht seitens des Reiseveranstalters. Zum Glück nicht. Und mit einem gesunden Menschenverstand kann man darauf auch tatsächlich nicht kommen. Doch dieser Herr schon. Denn dass, was der Reisende da bemängelte, waren die Reinigungs- und Renovierungskosten und der Preis für eine neue Matratze, nicht zu reden von der unbrauchbar gewordenen Bettwäsche und auch aller weiteren EinrichtungsGegenständen des Schlafzimmers. Tatsächlich musste eine Art Tatortreiniger die Grundreinigung vornehmen. Und zwar für den gesamten Bungalow von 55 m². Erst dann konnten Malerarbeiten etc. starten. Nachdem Blut, Exkremente usw. von Wänden, Zimmerdecke und den Fußboden entfernt worden waren. Außerdem mussten die persönlichen Gegenstände des Reisenden in einen anderen Bungalow geschafft werden und auch die Entsorgung eines offensichtlich bis zur Schulter reichenden Latexhandschuhs musste von den Reinigern vorgenommen werden.

Denn unser Gast hatte jemand anderen zu Gast gehabt. Woher? Grindr, Kneipe, Straße, Gasse, Gebüsch, keine Ahnung Wozu? Um sich erstmal einen Rotweineinlauf machen zu lassen und den dann dermaßen benebelten Darm die Tür zur weiten Welt zu öffnen und besagten Gast, besser gesagt seine Hand mit Arm mal zu Besuch reinzulassen. Dem international erfahrenen Leser auch als Fisting bekannt. Die kleine Schwester des Footing. Für die Kombination Einlauf und f****** wird es wahrscheinlich auch einen Fachbegriff geben, allerdings ist mir dieser nicht geläufig..

Nun ja jedenfalls ist dann irgendwann im Laufe des Abends eine Hauptschlagader im Unterleib geplatzt. Das muss wohl die Sauerei verursacht haben.

Wie bedrohlich diese Verletzung nun tatsächlich war, weiß ich nicht. Angenehm natürlich auf keinen Fall oder, vielleicht doch?! Weitere Einzelheiten sind mir auch zum Glück nicht bekannt, ich habe auch nicht mehr nachgefragt. Denn **das**, was ich erfahren hatte, reichte mir.

Der Betreiber hatte Fotos des Tatorts angefertigt. Da war auch noch die angebrochene Rotweinflasche zu sehen. Ein **Ribera del Duero**. Guter Geschmack,…., obwohl… NeeNee,… besser nicht. Rechnung der Spezialreinigung, der neuen Matratze, Bettunterbau etc. wurden ebenfalls zur Untermauerung der Rechnung des Hotels übermittelt.

Unser Gast war jedenfalls nur zwei Tage im Krankenhaus, wo sein 'Spielpartner' abgeblieben war, blieb unbekannt.

Und selbstverständlich konnte unser Gast auch in ein anderes Zimmer ziehen, denn der Hotelier hatte aufgrund des ungewissen Ausgangs des Krankenhausaufenthaltes sich zu einer sofortigen Reinigung entschieden. Nachdem ich die Reklamation gesehen hatte, hätte ich es angebrachter gefunden, das erste Zimmer zunächst unangetastet zu lassen und den Gast vor die Wahl zu stellen, dort weiter zu wohnen und es zu reinigen und wieder instand zu setzen. Ich merkte für die kommende Ankunft des Gastes eine gute Flasche zur Begrüßung im Zimmer vor, mal sehen wie ihm ein *Rioja* mundet...Ähm, sozusagen, ja...

Feiern mit Hugo

Bei anderer Gelegenheit erreichte mich an einem Donnerstagmorgen gegen 7 Uhr ein Anruf aus einer Gay - Bungalowanlage. Manuel, die gute Seele für alles, hatte bei seinem Dienstbeginn bereits rege Betriebsamkeit in der sonst gerade zu dieser Uhrzeit sehr stillen und noch komplett im Schlaf gehüllten Ferienanlage angetroffen.

Die Ordnungsmacht war mit mehreren Polizisten vertreten, die Sanitäter waren bereits auf dem Rückzug und Manuel wurde sofort zum Ort eines tragischen Unglücks gerufen. Ein Bewohner der überschaubaren Bungalowanlage in fußläufiger Entfernung zur Szene hatte das zeitliche gesegnet.

Ein 38 Jahre junger, bis dahin bumsfideler Italiener aus Berlin, auf Reisen mit seinem angetrauten Ehegatten, hatte bei einer nächtlichen Party mit bis zu fünf Teilnehmern —geplant waren ursprünglich sechs— eine tödliche Mischung diverser illegaler und legaler Substanzen zu sich genommen, auf diversen Wegen, auch Spritzen und Geldscheine kamen zum Einsatz. Alle Teilnehmer hatten zugelangt, aber bei dem Einen ist dann ordentlich was schiefgegangen. Über diese Vorgeschichte wurde ich bereits am Telefon informiert.

Als ich dann ohne Frühstück, aber in Dienstkleidung in dem Bungalowkomplex ankam, kümmerten sich zwei Nachbarn um den brandneuen Witwer. Dieser war verständlicherweise am Boden zerstört. Nach einer kurzen Beileidsbekundung musste ich dann, auch auf Geheiß der mittlerweile eingetroffenen Kriminalpolizei, zum offiziellen Teil übergehen. Die Kommissarin, eine energische offensichtlich mit allen Wassern gewaschene Mittvierzigerin, gab mir ohne es zu wollen einen Grundkurs zum Thema Sex-und Partydrogen. Denn ohne Umschweife forderte sie mich auf, ihre Fragen an die Teilnehmer der Veranstaltung zu übersetzen und selbstverständlich auch die Antworten, wobei sie diese meistens aufgrund der Kürze selbst verstand.

Ich wandte zwar ein, dass ich nicht als Übersetzer und schon gar nicht in einem Ermittlungsverfahren tätig werden möchte und darf, aber diesen Einwand schob sie kurzerhand beiseite. So wollte sie wissen, woher die Pillen, Pulver, Ampullen etc. stammen. Und ob die Einnahme freiwillig über einen längeren Zeitraum in Kombination mit welchen Mitteln und so weiter stattgefunden hatte . Denn anscheinend war der Kommissarin klar, das eine verhängnisvolle Kombination diverser Wirkstoffe, einige für sich genommen tatsächlich ungefährlich, gewesen war und es sich dementsprechend um einen Tod ohne Fremdverschulden gehandelt hat.

Das bestätigten auch alle Überlebenden des nächtlichen Ringelpietz mit Anfassen und beschrieben, dass der Verstorbene, also in dem Moment noch lebend, in einer Spielpause über Kreislaufschwankungen und starkes Schwitzen geklagt hatte und er nur wenige Minuten vor seinem Ableben sich noch unter die kalte Dusche gestellt hatte um sich im Anschluss aufs Bett zu legen. Dort ging es wohl ziemlich unspektakulär und rasch mit ihm leider viel zu früh zu Ende. Die Kommissarin vermutete anscheinend keine Fremdeinwirkung.

Allerdings wollte man den Verkäufern und somit eventuell auch den Hintermännern der Designerdrogen auf die Spur kommen. Die Obduktion würde genaueres über die jeweiligen im Körper vorhandenen Substanzen ergeben. Im Bungalow ging die Polizistin dann die sorgsam aufgereihten Substanzen durch, damit die Polizei Gewissheit erlangte, welche davon legal und welche illegal erlangt wurden. Dabei lernte ich ein Arsenal an Bezeichnungen mir bis dahin unbekannter Wirkstoffe, deren Anwendung und Wirkung kennen.

Verwundert erklärte mir der Nachbar des Verstorbenen, der sozusagen das Drugcatering verantwortet hatte, die Anwendung und Wirkung einer Schwellkörper -Autoinjektionstherapie (SKAT). Das führte zu einem kurzen Wortwechsel zwischen dem Befragten und mir, da ich nicht übersetzen konnte, was ich nicht kannte. Nachdem der Nachbar mir also Sinn und Zweck der Ampullen und Spritze zur Übersetzung erklärt hatte, konnte ich mir nicht klemmen, dies mit "Wenn ER nicht WILL, dann soll man ihn doch in Ruhe lassen." und einem Fingerzeig in Richtung Schritt zu kommentieren. Meine ganz persönliche Meinung.

Natürlich beschlagnahmte die Kriminalpolizei alle restlichen Drogen und geleerten Behältnisse. Außerdem sollten die Teilnehmer am nächsten Tag mit Dolmetscher auf die Wache kommen, um ihre Aussagen zu Protokoll zu nehmen. Ich bestellte dann noch rasch die Übersetzerin, die ich natürlich in kurzen Worten über den Sachverhalt aufklären musste. Auch sie quittierte diese etwas außergewöhnliche Geschichte mit einem "Was es nicht alles gibt!". Den Witwer bereitete ich noch auf eine Kontaktaufnahme zwecks Regelung der Überführung mit einer spezialisierten Agentur vor, bevor ich ich mich meinem eigentlichen Arbeitstag widmen konnte.

Einige Stunden später traf ich auf einen befreundeten Reiseleiter eines britischen Reiseveranstalters. Dieser wusste bereits von unserem "Hugo" . Denn einer seiner Freunde, der aus Großbritannien angereist war, war zu besagter Party eingeladen worden. Allerdings war er wohl in einer Diskothek versackt und hatte dementsprechend nicht teilgenommen. Allerdings hatte er sich nach dem Aufwachen gegen 11 Uhr erkundigt, ob eine weitere Party geplant wäre, um sich schon mal anzumelden. Da erfuhr er dann, dass aufgrund des unvorhergesehenen Ausscheidens eines Mitspielers sämtliche weitere Turnierbegegnungen abgesagt worden waren, bis auf weiteres. Und da solche Neuigkeiten natürlich gerne verbreitet werden, war mein Kollege bereits bestens informiert.

Später erfuhr ich von Manuel, dass der Drogen - Caterer bereits zwei Tage später, diesmal bereits am Nachmittag, zu einem Zusammentreffen mit mehreren Bekannten und Unbekannten geladen hatte. Denn warum sollte man sich den lang geplanten heiß ersehnten grenzenlosen Erlebnisurlaub verderben lassen. Rudelbumsen auf Granny ist ja nur einmal im Jahr! Rücksichtnahme auf den verwitweten Nachbar wäre doch nur Gefühlsduselei. Rücksichtnahme war anscheinend auch nicht wirklich nötig, denn nur einige Monate später durfte ich sowohl den Witwer als auch den Drogen -Caterer gemeinsam am Flughafen begrüßen, denn wie sie mir berichteten, waren sie sich in der jüngeren Vergangenheit sehr zaghaft näher gekommen…denn es war ja noch alles so frisch!

Keine Arme, kein Gepäck!

Bei anderer Gelegenheit erreichte uns der Anruf eines Einzelreisenden unmittelbar am Tag nach der Gay Pride, die jedes Jahr, außer natürlich im Jahre 2020, am zweiten Wochenende im Mai stattfindet. In aller Regel bilden dieser Umzug und selbstverständlich die bis weit in die Nacht dauernden Parties den Auftakt zur europäischen Städtetournee, der viele Besuchern wie die Lemminge kreuz und quer über den Kontinent und manchmal auch darüber hinaus folgen. Dieses bekanntermaßen mittlerweile in verschiedenen Ausführungen mehrfach im Jahr stattfindende Event (es gibt auch noch eine Winterpride) zieht regelmäßig viele

Besucher an. Nun sind leider nach Abschluss des Umzuges auch gelegentlich einzeln oder in Gruppen durch das Party Center ziehende, meist auch für mitteleuropäische Männer sehr attraktive, oft auch sehr junge einheimische Männer unterwegs. Insbesondere zu vorgerückter Stunde und unter bemerkenswerten Alkoholeinfluss lassen sich auch Vertreter dieser Gattung gelegentlich zu Fummeleien oder auch weitergehenden Aktionen hinreißen. Aber längst nicht alle sind bei unerwünschten Annäherungsversuch entspannt. Leider kommt es daher auch bei den eigentlich eher sehr friedlichen Feierlichkeiten zu handfesten Übergriffen. So auch in diesem Fall.

Denn zu vorgerückter Stunde war eben dieser Gast, den ich nun am Telefon hatte, auf der Suche nach einem heißen Abenteuer so gegen vier Uhr in der Früh umhergezogen und hatte wohl dem Falschen in den Schritt gefasst. So oder so zeigt die Erfahrung, das nächtliche Begegnungen mit nicht unbedingt schwul aussehenden jungen Männern, meist nicht zum vom meist deutschen Opfer (auch andere Nationalitäten werden nicht verschont) heiß ersehnten Ausgang führen, sondern auch gerne mal zur Betäubung mit KO-Tropfen und dem Raub sämtlicher Habseligkeiten von Wert aus der Unterkunft. Im schlechtesten Fall leidet das Opfer noch tagelang unter den Nachwehen der überdosierten KO-Tropfen. Gelegentlich erleiden die Opfer meistens auch noch das Trauma, dass der "doch so nette junge Marokkaner mich doch noch so zärtlich gestreichelt hat, am Arm, und er hat mir noch gesagt, wie toll er meine grauen Haare findet." (Zitat eines Opfers, der irgendwie nicht die Schuld des Täters sehen wollte). Geilheit und Sprit fressen den Verstand. Das Sicherheitsbedürfnis ist eben bei Notgeilheit unter Alkohol und zig gescheiterten Anbaggerversuchen zweitrangig, für bezahlten Sex ist man zu geizig oder nicht bereit . Hier kam es gar nicht erst zu weiterführenden Verhandlungen, sondern der ansonsten tief in seinem Kleiderschrank eingesperrte Hamburger Zahnarzt von dem ungefragt Angegrabenen und seinen dazu geeilten Freunden sehr brutal zusammengeschlagen. Dabei wurden dem Opfer beide Arme gebrochen.

Natürlich sehr unangenehm, jedoch hatte die polizeiliche Anzeige auch nicht zum Erfolg geführ, da der zuvor mit zwei Gipsschalen versorgte Mann so benebelt war, dass er sich nur noch daran erinnern konnte, dass derjenige verdammt gut aussah. Eine weitergehende Beschreibung konnte er nicht abgeben, aber er schwor, dass er ihn wiedererkennen würde. Allerdings war dazu nicht mehr viel Gelegenheit. Der nun sehr stark Gehandicapte sollte nämlich bereits am nächsten Tag die Rückreise antreten.

Der Gast forderte, dass die Reiseleitung ihm doch gefälligst beim Packen zu helfen habe. Ich fragte ihn verwundert, wie er denn jetzt das Telefon halten würde. Naja mit einer Hand. Dann könne er ja wohl auch einen Koffer einpacken und der Rezeptionist wäre ihm sicherlich auch beim Schließen des Koffers behilflich sowie auch bei der Beförderung bis vor die Hoteltür. Ich machte dem Gast klar, das Kofferpacken nicht zum Service der Reiseleitung gehört. Es sei denn, Gast liegt für unbestimmte Zeit im Krankenhaus oder tritt die Rückreise im Frachtraum an. Beides war nicht der Fall. Ehrlich gesagt, der Gast hatte nochmal Pech, dass er mich am Telefon hatte. Hätte der Gast ein wenig zerknirschter gewirkt, weil er einsieht, dass man niemanden ungefragt angrabbeln sollte und hätte er einfach höflich gebeten statt zu fordern, hätte ich ihm sicherlich geholfen und hätte auch etwas mehr Mitgefühl aufgebracht.

Natürlich organisierte ich Hilfe beim Transfer zum Flughafen und beim Einchecken. Dem Fahrer fiel die Aufgabe zu, den Koffer zum Bus zu bringen und zu verladen, als diesen auch am Flughafen wieder auszuladen und dem Gast auf einen Gepäckwagen zu stellen. Auch der Behindertenbegleitservice am Flughafen für den Gast bestellte ich. Mit immer noch großen Unverständnis, dass wir so ungefällig seien, in so einer tragischen und unverschuldeten Situation, was mir ein klar wahrnehmbares Räuspern entlockte, nahm der Hilfesuchende diese Maßnahmen erleichtert an. Am liebsten wäre es ihm wohl gewesen, jemand hätte seinen Koffer gepackt, diesen zum natürlich kostenfreien Taxi getragen und ihn natürlich auch am Flughafen begleitet, da er ja so völlig hilflos war.

Dumm, aber geil

Vor einigen Jahren erhielten wir über einen Reiseveranstalter in Deutschland eine Anfrage, die für einige Erheiterung sorgte. Da schrieb der Arbeitgeber eines Kunden wie folgt:

"Unser langjähriger Arbeitnehmer Karl -Heinz F. reist in einigen Wochen nach Gran Canaria. Er hat einen Aufenthalt in der Ferienanlage Los Tucanes (Eine Bungalowanlage nur für Männer ab 18 Jahren) gebucht und wartet jetzt bereits sehr aufgeregt auf diesen Urlaub. Denn es ist das erste Mal überhaupt, dass Herr F. nach dem Tod seiner Eltern allein in den Urlaub fährt. Herr F. hat einige Einschränkungen geistiger Art und ist überhaupt nicht reiseerfahren und sehr unselbständig. Im Heim- und Arbeitsumfeld kann sich Herr F. gut orientieren und kommt alleine zurecht. Können Sie bitte sicherstellen, dass ihn jemand am Flughafen in Empfang nimmt und zur Ferienanlage begleitet und auch die Örtlichkeiten erklärt. Wir haben große Sorge, dass Herr F. sich mit so vielen neuen Eindrücken übernimmt. Daher wäre es gut, wenn ihr Vertreter vor Ort regelmäßig nach dem Rechten schaut oder auch die Hotelangestellten bittet, nachsichtig und hilfsbereit mit Herrn F. zu sein. Er ist ein sehr ruhiger und bedächtiger Mensch, der keiner Fliege etwas zuleide tut. Allerdings kann er, wenn er einen Sachverhalt nicht versteht, sehr ungehalten und verbal aggressiv werden. Das legt sich aber schnell wieder und hört sich schlimmer an, als es ist. Wir bedanken uns bereits jetzt für Ihre

Hilfe und möchten Ihnen auch unsere Kontaktdaten mitteilen, für den Fall, dass etwas geschieht, wo unsere Hilfe gebraucht werden könnte."

Solche Bitten werden nur äußerst selten an uns herangetragen. Nun überlegte man, wie man so freundlich, diplomatisch und die Interessen des Gastes schützend antworten sollte. Denn offensichtlich war dem Arbeitgeber aus dem schönen Sauerland nicht bekannt, dass das von Herrn F. gebuchte Urlaubsdomizil wahrscheinlich zwar sehr seinen eigenen Urlaubsplänen entgegenkam, sicherlich aber ganz andere Vergnügungen anzubieten hatte, als dass die Personalabteilung vermutete.

So antworteten wir, dass wir den Gast selbstredend am Flughafen in Empfang nehmen werden und auch das Hotel entsprechend informieren würden. Wir beruhigten den Arbeitgeber mit dem Hinweis, dass ihr Arbeitnehmer ganz sicher einen schönen Urlaub verbringen würde.

Das tat er auch tatsächlich, wie uns die Rezeption als auch der Barkeeper übereinstimmend bestätigten. In dieser mit der Bekleidungsregel "Clothes optional" hervorstechenden Unterkunft hatte Herr F. , der dort eher durch seine Kontaktfreudigkeit und Unbeschwertheit auffiel, sich bereits einen Namen gemacht. Beinahe täglich pries er sich eindeutig an. Durch die geöffnete Tür des Bungalows von Herrn F. konnte man diesen im Adamskostüm mit abgewandten Gesicht, dafür mit abf*ckbereitem Hinterteil in der Luft, beobachten. Er hatte auch bereits dem Barkeeper anvertraut, dass er nun plane, mehrmals im Jahr diesen Urlaub zu wiederholen. Denn jetzt bräuchte er auf seine "Alten" keine Rücksicht mehr nehmen und könne endlich rumvögeln so viel und mit wem er wollte.

Der besorgte Arbeitgeber meldete sich selbstverständlich nach Rückkehr des Herrn F. wieder bei uns. Man bedankte sich für die gute Betreuung und zeigte sich erfreut über die vermeintliche Selbständigkeit von Herrn F. und versprach uns, unsere Dienste und Hotels in Zukunft gerne der gesamten Belegschaft zu empfehlen. Wir dankten für das entgegengebrachte Vertrauen und empfahlen, in jedem Fall die Hotelbeschreibung gut zu studieren,um unliebsame Überraschungen zu vermeiden, wenn zum Beispiel ein lebender Fahrradständer im Nachbarzimmer auf Benutzung wartet.....

Wertgegenstände gehören in den Safe

Diese Empfehlung, die meinen Gäste bereits am Flughafen mündlich und schriftlich gegeben wird, sollte grundsätzlich ernst genommen werden. Denn der gerne zur Dokumenten-und Geldverwahrung benutzte Koffer, ein paar Socken oder auch die Unterwäsche sind keine geeigneten Behältnisse. Auch Wäschetrockner auf der Terrasse des Bungalows bieten, wen wundert es, nur mangelhaften Diebstahlschutz. Das mussten auch zwei Reisende um den Jahreswechsel vor einigen Jahren feststellen, als fünf ihrer angeblich je über 50 € teuren

Badehosen über Nacht verschwunden waren. Denn ein nachlässiger Nachbar hatte irgendwann einen Besucher mitgenommen und beim Verlassen der Anlage hat dieser dann wohl die Badehosen mitgehen lassen. Das war jedenfalls aus den Aufnahmen einer Überwachungskamera ersichtlich. Da der Täter nicht zu identifizieren war und der Nachbar natürlich nur den Vornamen Juan kannte, konnte auch die eingeschaltete Polizei nicht helfen. Ich sparte mir auch die Frage, warum zwei Leute denn fünf Badehosen auf dem Trockner hängen. Denn man will ja auch am Strand der Schweinebucht (ja, die heißt wirklich so!) an der Strandbude 7 stets in Abhängigkeit vom Sonnenstand und der Tageszeit stets passend gekleidet sein.

Nachwort

Sie sehen, die Erlebnisse einer Reiseleitung sind sehr vielfältig und bunt. Eben exakt so, wie das echte Leben. Manchmal habe ich Einblicke in die Lebensumstände von Touristen erhalten, auf die ich liebend gern verzichtet hätte. Man wundert sich, wie unbefangen manche Zeitgenossen sehr privates preisgeben. Andererseits ist eine immer stärker werdende Vollkasko -Mentalität augenfällig. Auch die jüngsten Ereignisse im Zuge der europaweiten Verhängung von Ausgangsbeschränkungen und Grenzschließungen wegen der COVID -19 Pandemie beweisen dies. Selbstverständlich wurden für alle Gäste, die erst Wochen später ihren eigentlichen Rückflug gebucht hatten, Flüge noch vor weitgehender Einstellung des internationalen Flugverkehrs angeboten. Allerdings bekamen wir Reiseleiter oft zu hören, dass man ja eigentlich noch gerne bleiben wolle und doch lieber auf einen späteren Flug gebucht werden möchte. Die Erläuterung, dass es keine späteren Rückflüge mehr geben werde und der Gast ansonsten damit rechnen müsse, spätestens in einigen Tagen der Unterkunft verwiesen zu werden, half in solchen Fällen. Umgekehrt gab es natürlich auch die Gäste, die noch vor allgemeiner Beschränkung des Flugverkehrs ihren planmäßigen Rückflug haben würden, die sofort und gleich nach Deutschland zurück wollten, da bereits Auswirkungen der Coronabeschränkungen spürbar wurden. Diesen Leuten konnten wir nur erklären, dass wegen des enormen Beförderungsbedarfes in kürzester Zeit keine Umbuchungen möglich sind. Natürlich waren auch diese Gäste von der Reiseleitung enttäuscht, der sie diese Einschränkungen zurechneten. Man kann es einfach nicht allen gleichermaßen Recht machen. Aber natürlich gehe ich davon aus, dass Sie ihren Kopf beim Lesen meiner Erzählung an den gleichen Stellen geschüttelt haben wie ich. Natürlich würden Sie mir niemals wegen Ihrer Verhaltensauffälligkeiten oder unverschämten Reklamationen im Gedächtnis bleiben. Aber ich hoffe, dass Ihnen meine Erzählung im Gedächtnis bleibt und Sie vor einem vielleicht tatsächlich unnötigen Besuch bei der Reiseleitung wegen einer objektiv nicht nachvollziehbaren Reklamation absehen. Sollten Sie objektiv Grund zur Reklamation haben, seien Sie sich sicher, dass ich Ihr Verbündeter bin. Buchen Sie lieber fleißig Ausflüge ; -) und lassen Sie sich durch die Erläuterungen zu Ihrem Feriengebiet durch ihre sicherlich kompetente und charmante Reiseleitung gleich welchen Veranstalters begeistern!

SCHÖNE FERIEN!

Bonus-Track

Nun erlebt man nicht nur am Telefon oder persönlich die dollsten Dinger mit Urlaubern, auch lange nach Rückkehr in die Heimat können schriftliche Reklamationen für Erheiterung sorgen. Daher lesen Sie nun den schriftlichen Erguss eines Reisenden, der sich telefonisch beschwerte, dass die Covid 19 Einschränkungen im März 2020 nicht zumutbar seien und er nach Hause wolle, so schnell es geht. Als er sehr kurzfristig am gleichen Tag einen Rückflug angeboten bekam, war das auch nicht recht. Wenige Tage später wurde mir eine e-mail zur Kenntnis gebracht, die ich hier nach bestem Wissen inklusive der Orthographie und ausgelassener Namen aus dem Gedächtnis wiedergebe:

"Sehr geehrte Damen und Herren ,

Hiermit möchte bzw und erwarte eine Rückerstattung MEINES Geldes was Sie in Voller Höhe bekommen hatten vor Antritt der Reise , es ist mir Bewust das auf der Ganzen Welt ein Zustand ist bzw des Corona Virus ist, dennoch weiß ich das Sie Maßnahmen durchführen mussten ,aber das eine Unfreundlichkeit Sondersgleichen ist ,das Ihre Mitarbeiter mit was Von Corona Erzählen und deswegen nicht in die Hotels Kommen warum Tui und andere Veranstalter ich in mein Hotel sehen konnte und warum sehe ich bei Abholung im Hotel eine Frau X von Ihnen, warum sehen ich einen Herren von Ihnen am Flughafen Stehen und eine Frau X dermaßen Unprofessionell ist und zugleich Unfreundlich ist wie auch der Herr am Telefon im Büro auf der Insel ,egal was es für stress gibt dann setzten Sie Profis ein ,die mit Leuten bzw Kunden Vernünftig umgehen können .

Mir zu sagen entweder Höre ich und mache das was Sie sagen oder Polizei kommt oder lassen mich stehen .sagen Sie mal geht noch ......

innerhalb von 35 Minuten sollte ich mein Koffer Packen und mich zum Eingang begeben des Hotels XY . Das ist unzumutbar ...

Ich habe alles in Erfahrung gebracht WARUM lassen Sie ,mich als Kunde hierher ankommen mit dem Wissen das das Ausgangssperre ist und alles zu ist , auf der Insel 13.03.2020 war es in den Medien bekannt ,meinen Sie ich bin dumm und lasse es über mich ergehen, Reise Antreten Hauptsache Sie haben Ihr Geld ja Stimmt Sie haben meine LEISTUNG Erhalten in Höhe von 1699, - EURO ,aber ich habe ihre nicht in vollem Masse erhalten und zumal das auch Kein 4 Sterne Hotel Wert ist Essen wir lauwarm gegeben Essen vom Vortag wird neu zubereitet als Neues essen serviert....

ECKELHAFT ECKELHAFT .

Somit ist Mein Teil Mehr als Erfühlt den Mein Geld ist bei ihnen .Ich erwarte nicht in Paar Monaten oder sonst irgendwann eine Rückerstattung ich möchte ZEITNAH eine RÜCKERSTATTUNG Meiner Reisekosten wie gesagt 15.03.bis 19.03 Im Zielgebiet gewessen zu mal es Mein Jahres Urlaub sein Sollte ‚auf schönen Worte Achte ich null von Ihnen den Ihre Worte waren Mega Unfreundlich auf YYY INSEL .

Sie haben mir auf YYY INSEL gedroht und Egal was Sie mir sagen Sie müssen alles Prüfen und Rückmeldung erst bekommen …..Sie haben innerhalb von 30 Minuten hinbekommen mir ein Ticket zu erstellen heute den 19.03.2020 das habe Sie auch auf einmal hinbekommen , allso Bitte halten Sie mich nicht für Dum .

Wie gesagt ‚Ich FORDERE einen Erheblichen Betrag Meines Geldes zurück und eine Endschädigung des Ganzen ‚und wie Sie mich Behandelt haben und mir Gedroht habe mit der Polizei oder Sie lassen mich stehen auf der Insel und das ich zu Hören hätte Fordere ich zu gleich (Schmerzensgeld für Drohungen Erpressung und Nötigung) Ein.

Wenn das Ihre Einstellung ist zu Gästen , erst mal Geld Kassieren und dann Behandeln wie Dreck dann muss man das mal Äußern und weitergeben. Glauben Sie mir zu 100% ‚bekomme bzw werde ich nicht zu Frieden gestellt werden mit der Aussage und standart Sätzen.

Bekomme ich nicht ein Erheblichen Teil der Kosten zurück Plus für Drohungen und Schlechter Behandlungen werde ich weiterhin RECHTLICHE Schritte Einleiten und Zusätzlich Behalte ich mir vor

Medien und in die Öffentlichkeit zu gehen ,das ist keine Leere Aussage das ziehe ich durch, so wie Sie mit mir Umgegangen sind werden Sie nun die Volle Breite von mir Kennenlerne und werde alles daran setzten das Sie als VERANSTALTER so dargestellt werden wie das wahre Leben .

Unfreundlich, Unprofessionell , Respektlossigkeit ,Drohungen bzw.glauben Sie mir ich bin kein Dummer Gast wo Sie denken der Beruhigt sich wieder ich bin Entspannt in allem und mein Kopf ist sehr klar. Nehmen Sie dies als ERNSTHAFTE Beschwerde an und Senden Sie mir keine Standart Briefe bzw E Mails zu .

VERGESSEN Sie nicht sie wollen Vorantritt einer Reise volles Geld bekommen , das haben Sie auch, aber ich Habe meinen Tätigkeiten Erfühlt ,aber Sie als Veranstalter nicht und BITTE Erzählen Sie mir nichts von Höherer Gewalt Sie zahlen 100% nicht das Gebuchte Zimmer mit essen wenn man früher weg Muste ..und von Ihnen gezwungen wird.

Somit haben Sie einen Eindruck von mir und meine Glaubwürdigkeit ist 100% wahr Erlich und nichts dazugezogen bzw an den Haaren herbei erzählt .

Das was sie an Personal vor Ort haben, Braucht gesondert eine Professionelle Schulung wie man Mit Zahlenden Gästen Umgeht.

Wir sind die ,die das Geld bringen ,somit ohne Gäste Kein Job Punkt aus .

Wie gesagt sollte von Ihnen nichts Positives kommen werde ich alle Möglichkeiten Ausschöpfen und RTL und Ander TV Sender hätten grosses Intresse an dem was passiert ist und das sind Keine Leeren Versprechungen von mir aus .

Ich bin ein sehr netter Ruhiger Mensch, aber allein Ihr ganzes Verhalten Personal vor Ort zeigt das ich mir das 100% nicht Bieten lasse .

Für ein Gespräch bin ich bereit aber hinhalten lasse ich mich nicht und abspeisen auch nicht..

Mfg"

Haben Sie alles verstanden? Ging mir auch so.

Manchmal bekommt man auch aussagekräftige Fotografien zur Veranschaulichung der Reklamation zugeschickt. So erreichte mich eine durchaus berechtigte Reklamation, jedoch machten die Gäste sich erst nach ihrer Heimkehr bemerkbar, vor Ort erfolgte keinerlei Kontaktaufnahme. In diesem Fall wurde einem Ehepaar ein Zimmer zugewiesen, dass normalerweise seitens des Hotels aufgrund seines sehr kleinen Toilettenraumes (getrennt vom geräumigen Bad mit Wanne, Dusche und Waschbecken) fast ausschließlich Einzelreisenden zugewiesen wird. Leider war das Hotel zum fraglichen Zeitpunkt ausgebucht und so konnte man im Haus keine bessere Unterbringung anbieten.

Jedoch hätte ich ein anderes Hotel mit einer entsprechenden Unterkunft anbieten können, wenn die Gäste sich vor Ort gemeldet hätten.

Allerdings würden Sie dann nicht in den Genuss dieser verfremdeten Aufnahme kommen. Gertrud demonstriert hier auf Geheiß von Heinrich, wie eng und unbequem die tatsächlich zu klein geratene Klokabine ist.

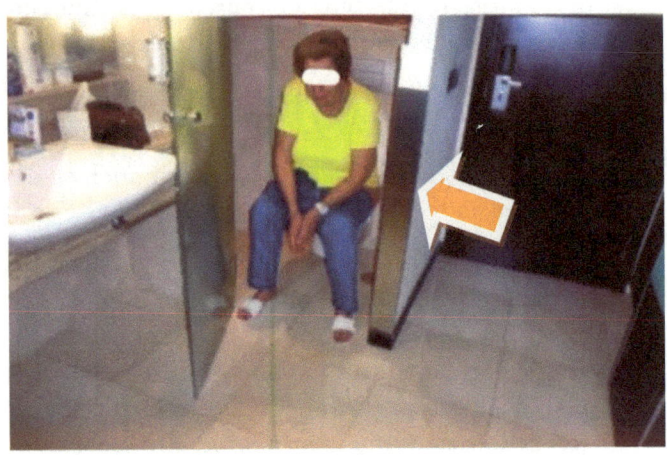

Sie ließ es sich aber nicht nehmen, originalgetreu das Beinkleid so runterzulassen, als ob die Benutzung der Toilettenschüssel nun unmittelbar bevorstünde. Zwischen dem Hosenbund und dem Bund des T-Shirts blitzt die Haut hervor, die sonst nur selten das Tageslicht sieht.

Zeitfracht Medien GmbH
Ferdinand-Jühlke-Straße 7
99095 Erfurt, Deutschland
produktsicherheit@kolibri360.de